한국인, 근대적 건강을 상상하다

근대적 과학지식과 해피 드러그

한국인, 근대적 건강을 상상하다

근대적 과학지식과 해피 드러그

초판인쇄 2021년 11월 20일 **초판발행** 2021년 11월 30일
지은이 김경리·김선희·박삼헌·이영섭 **펴낸이** 박성모 **펴낸곳** 소명출판 **출판등록** 제13-522호
주소 서울시 서초구 서초중앙로6길 15, 2층
전화 02-585-7840 **팩스** 02-585-7848
전자우편 somyungbooks@daum.net **홈페이지** www.somyong.co.kr

값 16,000원 ⓒ김경리·김선희·박삼헌·이영섭, 2021
ISBN 979-11-5905-659-8 03910

이 책은 한국출판문화산업진흥원의 '2021년 인문 교육 콘텐츠 개발 지원 사업'을 통해 발간된 도서입니다.

건국대학교 아시아콘텐츠연구소
동아시아 모더니티 07

한국인,

상상하다

근대적 건강을

Koreans,
Imagine
Modern
Health

근대적 과학지식과
해피 드러그

김경리

김선희

박삼헌

이영섭

의료화된 몸, 그리고 해피 드러그Happy Drug

최근 들어 세계적으로 급속히 진행되고 있는 의료화medicalization 현상, 즉 일상적 삶과 죽음의 현상 및 사건들이 모두 의학적 판단과 개입의 대상이 되고 있는 이러한 현상은 인간 삶의 생애주기 전체를 질병 현상에 가두어 놓음으로써 정상적 삶마저 의료기기가 측정한 수치에 의해 잠정적 환자로, 때로는 미래의 환자로 대기하게 만들고 있는 실정이다. 이런 의미에서 의료화는 이전에는 의료의 문제가 아니었던 것이 질병의 문제로 간주하게 되고, 생애주기 전체를 의료의 문제로 환원시킴으로써, 사람들을 잠정적 환자 또는 미래의 환자로 만드는 것을 의미한다.

전통적으로 의료의 목적은 고통을 완화하거나 질병을 치료하는 것이지만 이러한 의료는 병원의 울타리를 벗어나 생애주기 전반(태어나면서부터 늙어가고 죽음에 이르기까지)에 걸쳐 일상의 삶에 개입하기 시작한다. 태어남, 늙음과 죽음은 의학의 대상이 아니라 일상적 문화, 혹은 종교가 관할하는 영역이었지만, 오늘날은 출산, 노년의 삶과 장례절차까지 병원을 통해서 이루어지고 있다.

의료화의 정도와 특성은 대상에 따라 다르게 나타난다. 여성의 갱년기는 남성의 갱년기보다 더욱 많은 의료화의 대상이 되며, 여성은 임신, 출산, 월경전 증후군에 대해서 의료화되는 특성이 강한 반면, 남성은 남성 건강의 신화로 테스토스테론 마케팅이 자주 언급되는 것을 볼 수 있다. 또한 시대에 따라 동일한 대상이 질병이 되기도 하고 건강의 상징이 되기도 한다.

의료화된 사회에서는 질병이 아닌 것을 질병으로 만들고 결국 사람들을 잠재적 환자로 만든다. 이는 개인이 겪는 많은 사회적 문제들을 의료적 개입을 통해서 해결하고자 하는 사회적 분위기를 가속화시킨다. 이러한 사회적 분위기 속에서 인간 향상기술을 활용하는 것은 의료적 개입을 활용하는 것의 문턱을 낮출 것이다. 이는 결국 건강에 대한 개인들의 강한 집착을 불러일으킬 것이고 이로 인해 나타나는 사회적 문제점들이 발생할 것이다. 모든 문제를 생물학적 문제로 환원할 것이고 건강에 문제가 생겼을 경우, 그 문제를 사회구조적인 맥락에서 바라보는 것이 아니라 개인의 문제로 축소시키고 개인에게 책임을 전가하게 된다. 사회가 의료화 되는 것에는 이러한 많은 문제들이 있음에도 불구하고, 결핍된 몸으로 간주되고 있는 장애인의 몸이 의족과 같은 의료적 개입을 통해서 비장애인의 몸보다 향상된 몸을 지닐 수 있으며, 생리통으로 고통 받는 여성이 의료적 개입으로 그 고통으로 해방될 수 있다는 점을 간과해서는 안 될 것이다. 의료화된 몸이 지니고 있는 많은 사회적 문제점에도 불구하고, 몇몇의 의료화된 몸은 기존에 비주류였던 몸들을 다른 프레임으로 바라볼 수 있는 계기들을 제공한다.

오늘날 과학기술 및 의료기술의 발달은 오히려 무의식적이고 잠재적인 영역에서 의료화의 의미를 신자유주의적 의식으로 전개함으로써 단순한 염려, 지나친 염려, 남성성 또는 여성성에 대한 허위의식, 건강에 대한 자기기만과 지나친 욕구를 부추기고 있다. 이런 현상은 우리가 일상에서 흔히 경험하는 일이다. 예를 들면, TV 방송에서 건강 관련 프로그램에서 A 환자가 어떤 음식이나 어떤 성분을 복용하여 건강을 회복하였다고 병원-의사의 분석과 사례를 제공하고 있을 때, 다른 채널의 홈쇼핑에서는 그 성분으로 제작된 '건강' 음식 또는 보조제를 광고하고 있다. 많은 이들이 이미 그러한 광고를 보고 구매를 한 경험이 있을 것이다. 우리는 이미 신자유주의적 의료화와 병원화라는 거대하고 모호한 영역에서 종속되어 무의식적으로 '나'의 몸에 문제가 있고, 그래서 건강을 회복해야 한다는 신념하에 그 음식이나 보조제를 주문하곤 한다. 그 구매자가 회복한 것은 오히려 그 자신의 돌봄 주체가 됨을 인지하지 못하고, 특정한 성분에 갇히게 된다.

근대 이후 현재에 이르기까지 의료화된 사회가 진행되어 온 가운데 최근 들어서 제약업계에서 급속히 부상하고 있는 개념이 해피 드러그happy drug이다. 해피 드러그는 스트레스처럼 질병은 아니지만 우리 생활을 불편하거나 불행하게 하는 원인들을 감소시키거나 제거하고 삶의 질Quality of life, QOL을 향상시키기 위해 복용하는 약물을 의미한다.[1] 20세기 역사에 기록될 위대한 두 개의 알약, 즉 발기부전 치료제로 알려진 비아그라와 경구피임약 에노비스10이 대표적인 해피 드러그이다. 1997년 미국의 제약회사 화이자Pfizer사가 개발한 '비아그라Viagra'는 정력이라는 의미의 '비거vigor'에 '나이아가라Niagara' 폭포를 합친 합성어로, 그 이름에서 소비자에게 매우 강렬한 인상을 주었으며 선풍적인 인기몰이를 하고 있다. 다른 하나는 여성들이 자유롭게 섹스할 권리를 약속한 피임약 에노비스10이다. 이 두 알약은 임신, 출산, 성性, 나아가 노화에 이르기까지 인간의 삶을 전방위적으로 재인식하는 계기를 마련했다고 할 수 있다. 이외에도 뼈의 손실을 방지하고 재생을 촉진할 수 있는 골다공증 치료제, 뇌신경세포를 보호하거나 손상된 신경세포의 재생을 촉진해 기억력을 향상시키고 치매를 예방하거나 치료하는 약은 물론이고, 대머리 치료제, 발기부전 치료제, 비만 치료제, 자양강장제, 비타민제 등 해피 드러그의 종류는 매우 다양해지고 있다.

하지만 동서양을 막론하고 신문과 잡지의 광고란을 가장 많이 차지했던 품목이 의약품이었고, 이를 통해서 '건강'이 상품화·의료화되었음을 고려한다면, 이른바 '건강 연령을 젊게 유지할 수 있는 약'이라는 해피 드러그의 개념은 최근에 들어서 등장한 것이 아니라 근대 의학이 지향해 온 궁극적인 목표점이었다.

근대의 과학지식과 소비욕망이 만들어낸 '건강' 담론

제1차 세계대전의 전쟁특수로 유례없는 번영을 맛보게 된 미국이 대량생산, 대량소비 사회의 서막을 화려하게 열면서, 1920년대는 '황금의 시대' 또는 '광란의 시대'라고 불렸다. 생활을 편리하게 해주는 자동차를 비롯하여 라디오, 세탁기, 냉장고 등 가전제품의 보급과 야구와 같은 스포츠, 영화, 음악 등 대중문화의 발달은, 이후 미국의 문화가 세계적으로 하나의 표준이 되는 알림과도 같았다. 『위대한 개츠비』의 세계에 보이는 황금만능주의와 끊임없는 소비 욕망은 이러한 '미국 문화'의 확산을 담보하는 가장 큰 동력이 되었다.

제국의 후발주자였던 일본 또한 제1차 세계대전을 기점으로 산업구조가 중화학공업 중심으로 완전히 재편되면서 도시노동자들과 샐러리맨들이 사회의 중추인 대중을 형성하게 되고, 미디어시장의 급속한 성장과 함께 대량생산, 대량소비의 대중사회가 열린다. 상품에 열광하고 돈의 힘을 체감하면서 교양, 건강, 출세, 애국에 이르기까지 일상을 구성하는 핵심 가치들이 '소비'로 채워지게 된다. 식민지 조선과 타이완 또한 식민지 본국 일본으로부터 물 건너온 상품의 소비를 통해서 더디지만 점차 소비사회로 재편되었으며, '제국 일본'은 동아시아의 일상에서도 동경과 순응을 끌어낸다. 바꿔 말하면, 동아시아에서 근대 문명이라는 말은 '제국 일본'의 문화가 유입되는 것이며, 곧 이전의 토지와 신분에 예속되어 있던 전근대의 질서로부터 해방되어 상품 앞에 누구나 동등한 소비자로 규정됨을 말하는 것이기도 하다. 물론 이러한 해방은 새로운 소비력의 위계와 질서로 강제로 편입되는 근대적 해방이었다.

'박래품'과 '양품'이란 이름으로 쏟아지는 상품과 그 소비행위는 각종 문명의 담론과 맞닿아 있으며, 그것은 동아시아에서 1920년 초반부터 유행한 '문화'라는 말로 포장되어 이전과는 다른 '문화인' 또는 '문명인'으로서 주체에 대한 자각을 가능케 하였다. 새로운 유행을 자각하는 주체는 이른바 모던보이, 모던걸이라는 새로운 계층이다. 도시

소비문화가 확산되는 가운데 '모던 세대'는 유럽 대륙과 아메리카 대륙은 물론이고, '제국 일본'과 식민지 조선 및 타이완, 나아가 상하이를 비롯한 중국 대륙에서도 출현하였다. 이는 1920~30년대 모더니티의 지구적 순환성과 동시대성을 단적으로 보여준다.

한편, 근대 문명담론 가운데 빠질 수 없는 것이 바로 신체의 건강과 환경위생이다. 이러한 근대 문명 담론은 학교와 같이 제도를 통해서, 또 신문과 잡지, 영화와 소설 같은 각종 대중 미디어를 통해 정착되었다. 제도와 미디어를 통한 언설은 이와 관련된 제품을 소비함으로써 구체적으로 신체에 구현된다. 도시란 공간에서 '소비' 행위를 이끌어 가는 가장 중요한 키워드는 바로 '대중'이란 이름으로 묶여지는 각각의 주체들이 갖는 '욕망'이며 상품의 광고는 그러한 욕망을 자연스럽게 생산해내는 힘을 가지고 있었다. 이러한 문명담론과 맞물려 등장한 '모던 상품' 중 가장 대표적인 것이 '해피 드러그happy drug'라 할 수 있다. 해피 드러그란 그 이름에서 짐작할 수 있듯이, 질병 치료가 아닌 삶의 질과 관련된 다양한 증상을 개선하는 약품으로서, 우등과 우성의 '은유'로서의 건강의 가치가 확고해진 근대의 산물이라 할 수 있다. 소비자인 대중은 근대적인 신체와 건강에 관한 담론을 훈육에 의해 수동적으로 수용한 것이 아니다. '해피 드러그'라는 상품을 능동적으로 소비함으로써 스스로 근대적 건강담론을 확대 재생산하는 주체가 되었다.

이 책에서는 다음의 두 가지 측면에서 해피 드러그의 동아시아적 유통과 담론의 특징을 분석하였다.

첫째, 해피 드러그가 동아시아 공간에서 확산되는 데 결정적인 요인이었던 과학담론과 '제국 일본'의 동시적 공간에서 발생한 근대적 건강의 의미를 재고찰하였다.

'제국 일본'의 해피 드러그에 대한 선행연구는 전무하다시피하다. 가장 가까운 연구로 권보드래의 진탄仁丹 연구를 들 수 있는데,[2] 이는 '제국 일본'의 상품으로서 활발하게 유통되었던 아지노모토味の素 등을 고찰한 연구와 마찬가지로,[3] 새로운 시점으로 제국주의의 속성을 드러내고 비판한 점은 큰 성과라 할 수 있으나, 분석 시각이 당시 정치적인 각도에서 제국주의의 표상 분석에 집중되어 있어, 해피 드러그에 대한 담론의 일부분만을 고찰한 것이라 할 수 있다.

이 책에서는 단지 제국주의의 표상으로서가 아니라 근대 문명의 수용처로서의 식민지, 수용자로서의 식민지인의 주체적인 역할을 전제로, 이를 가능케 한 근대 서구 과학이 어떻게 해피 드러그를 '발견'해내는지를 고찰하였다.

당시 신문 광고에서 의약품 광고는 최대의 비율을 차지하고 있었는데, 근대 의학 즉 과학의 발전은 식민지 일반대중들의 의약품 수용을 뒷받침하는 가장 강력한 배경이 되었다. 전통 한의학과 양의학의 차이는 바로 과학담론의 출현으로 구별된다고 할 것이다. 과학적 지식은 상품 소비의 근거가 되었을 뿐 아니라, '문화인'이라면 당연히 갖추어야 하는 교양이 되었으며 이는 일상 가정생활을 '똑똑하게' 영위하는 방법으로 일반화되어 갔다.

전통의학에서 신체는 종종 '소우주'로 표현되는데 이는 유학의 핵심인 천인상관天人相關의 관점에서 신체의 오장육부를 각기 목화토금

水木火土金水의 오행五行으로 인식하는 것이다. 따라서 이러한 사고를 바탕으로 하는 질병이란 오행의 순환이 막히는 것이며, 질병의 치료는 그 흐름을 원활하게 하는 것이다. 그러나 근대 문명론의 차원에서 신체는 오행의 흐름을 갖춘 천인상관의 주체가 아니다. 근대 과학이라는 무기는 근대의 '발상지'인 서구의 언어를 통해 각종 의약품의 성분을 밝히고, 이것이 사람의 몸에 어떻게 작용하는지를 강조하는 방식으로 의약품에 '권위'를 부여한다. 따라서 여기에서는 이러한 배경과 과정에 초점을 맞추어 해피 드러그를 둘러싼 건강 담론을 분석하였다.

둘째, 해피 드러그의 동시대적 소비와 유통이라는 구체적인 실상을 살핌으로써 동아시아의 새로운 건강 담론을 제시하였다.

앞에서 언급한 대로, 과학이란 서구 근대 문명과 동일한 의미를 지녔다. 이런 점에서 식민지인은 제국의 이데올로기성을 떠나 자연스럽게 '선진'으로서의 서구 학문을 스폰지처럼 흡수하거나 또는 동경하게 되었다. 그러나 당연하게도 과학자와 일반대중의 과학에 대한 이해도는 비대칭일 수밖에 없었고, 일본제국의 계몽의 대상으로 전락한 식민지 일반대중의 경우 이는 더 심각하였다. 비타민, 미네랄, 아미노산 등 새로운 서구의 언어는 일반 대중에게는 표기조차 생경하였다. 해피 드러그를 비롯한 각종 의약품이 동아시아 공간에서 광범위하게 소비되어 유통하게 된 데는 바로 대중 미디어를 통한 상품의 광고가 필수불가결한 수단이었다. 이를 통해 강조되는 해피 드러그의 특징과 약효는 '과학적'이라는 믿음 위에서 대중에게 그대로 받아들여지게 되고, 건강에 대한 강렬한 '욕망'을 불러일으키며 상호작용을 하게 된다. 대중문화의 발달은 과학에 무지한 일반 대중이라 할지라도 과학적 지식을 '신문명'으로서 자연스럽게 받아들이게 하였고, 그 과학이 근거가 되는 해피 드러그의 소비 유행을 만들어 냈다. 그러는 과정에서 동아시아의 전통적 몸 개념은 근대적인 신체로 재탄생하게 되는 것이다. 동아시아에서 각각의 이름과 표기로 소비된 '제국 일본'의 상품을 고찰하는 작업은 동아시아인들의 욕망과 의식의 순환구조를 살필 수 있는 단서가 되며, 이를 통해 제국 이데올로기가 어떻게 일상화되는지 상징적으로 드러내는 좋은 방법이 된다.

이 책에서는 '해피 드러그'를 새로운 개념을 통해서, 그동안 은단과 아지노모토 등을 분석한 선행연구에서 놓치고 있던 동아시아 대중의 '욕망'을 구체적으로 분석하였다. 이 같은 접근은 기존의 제국과 식민지를 바라보는 도식적인 구도, 즉 억압과 착취 또는 능동적·수동적이라는 이분법적인 시각에서 벗어나, 소비욕망을 가진 주체로서의 대중을 전제로 제국과 식민지를 새로운 동아시아 공간으로 그려내는 시도가 될 것이다. '해피 드러그'는 즉 서구의 근대가 동아시아로 이식되는 과정과 식민지 본국의 문화가 피식민자 식민지인에게 수용되고 그를 일상화시키는 주체인 대중의 소비 욕망을 명료하게 파악하는 소재이기 때문이다.

분석대상으로 선정한 상품은 '제국 일본'의 영역에서 해피 드러그로 인기가 많았던 제품들이다. 즉 쓰무라준텐도津村順天堂가 제작 판매한 여성용 자양강장제 '주조토中將湯', 다케다武田 제약의 자양강장제 '폴리타민ポリタミン', 산쿄三共 제약의 발모제 '요모토닛쿠ヨモトニック'와 도

쿄야쿠인東京藥院의 '후미나인フミナイン', 그리고 식민지 조선의 대표적
해피 드러그인 인삼이다. 이 상품들을 선정한 이유는 첫째, 전통적인
몸에 대한 인식이 근대적인 신체로 전환되는 과정에서 건강담론 형성
과 밀접히 관련된 해피 드러그라는 점, 둘째, 근대 과학담론을 토대로
전통적인 보양제가 근대적인 해피 드러그로 재탄생하는 과정을 보여
주는 상품이라는 점 때문이다.

박삼헌

차례

제1장

젊고 건강한 여성미의 회복,
주조토中將湯

    '제국 일본', 즉 근대 일본, 그리고 그 연장선상의 식민지 조선의 의료화된 '건강', 그중에서도 여성의 성역할에 기초한 건강과 해피 드러그의 관계를 알아보고자 한다.

    근대 일본 여성의 '건강'은 주로 출산이나 낙태와 같은 여성의 신체적 특성에 기초한 성역할과 국민화 과정의 관계성에 주목하는, 이른바 국민국가연구의 연장선에서 분석되어 왔다.[1] 하지만 근래에 들어서는 여성의 일생을 분절화하고 각 시기별 의료화의 특징을 분석하려는 사회문화사 연구도 등장하고 있다. 예를 들어 '생리'의 시작과 폐경을 둘러싼 사회적 담론 분석,[2] 여성의 갱년기 장애를 둘러싼 사회적 인식 분석[3] 등이 그것이다.

    여기에서는 분절화된 여성의 일생과 의료화 과정을 분석하는 사회문화사적 관점에서, 여성의 의료화된 건강과 해피 드러그의 문제를 검토하고자 한다. 분석대상은 1893년부터 현재까지 125년 동안 판매되고 있는 일본의 대표적인 여성용 자양강장제 'Chujoto中將湯'이하 주조토이다. 근대 일본에서 의료화 현상과 과학 담론을 배경으로 하여 탄생한 주조토는 '제국 일본'의 팽창에 따라 식민지 조선, 식민지 타이완은 물론이고 중국 본토까지도 그 판매 지역을 확장시켰다. 이런 의미에서 주조토는 '제국 일본'을 배경으로 탄생한 근대 동아시아의 여성용 해피 드러그이다.

주조토라는 '상품'의 탄생

1893년 4월 10일, 쓰무라 쥬샤津村重舍는 도쿄 니혼바시日本橋에 쓰무라준텐도津村順天堂를 창업하고, 외가에서 대대로 이어져 온 여성용 탕약暘藥을 개량하여 주조토라는 상품명으로 제조 판매하기 시작하였다.[4] 발매 당시 주조토의 정가는 1일분 7전錢, 3일분 20전, 1주일분 45전, 2주분 85전, 3주분 1엔円 20전이었다.[5] 1893년 당시 쌀 10kg의 소매가가 66전 5리厘였던 점을 감안한다면,[6] 저렴하다고 볼 수 없는 가격이었다. 더군다나 당시의 상거래 관례는 담배와 음식대 등을 제외하고는 대부분 외상 거래였고, 매약売藥[7] 업계도 예외가 아니었지만, 쓰무라는 현금 거래를 고집하였다.

쓰무라는 비싼 가격과 현금 거래라는 약점을 극복하기 위해 다음과 같은 영업 전략을 세웠다.

첫째, 10회분이나 20회분과 같이 5와 10의 숫자를 할인의 단위로 하던 당시의 상거래 관례를 깨고, 1주일분, 2주일분으로 묶어서 할인 판

그림 1 현재 일본에서 판매되고 있는 주조토의 포장 디자인

매하는 방식을 도입하였다. 이는 1872년에 태양력 도입된 지 20여 년이 지나면서 일상에 정착한 주 단위의 생활리듬에 맞춰서 복용량을 판매하는, 이를테면 서양식 판매 방식의 도입이었다.

둘째, 당시로서는 획기적으로 중간 도매상을 거치지 않고 현지의 대표적 약방을 직접 방문하여 판로를 개척하였고, 1879년부터는 오사카에도 지점을 설치하여 서일본 지역의 판매 거점으로 삼았다.[8] 이를테면 근대적인 전국 유통망을 구축한 것이다.

셋째, 주조토를 판매하기 시작한 지 19일 만인 1893년 4월 29일에 대대적인 신문 광고를 게재할 정도로, 광고에 집중하였다.[9] 실제로 당시 매약업계에서는 주조토의 광고가 가장 많았고, 그 종류도 일러스트나 설명문 형식만이 아니라 기사나 소설 형식의 광고 등 다양하였다.[10] 이후 주조토의 신문 광고는 1945년까지 『도쿄아사히신문東京朝日新聞』[11]

에서만 총 1,127회 게재될 정도로 주조토의 주된 영업 전략으로 활용하

였다(표 1 참조).

표 1 『도쿄아사히신문』의 주조토 광고 회수

메이지(明治)		다이쇼(大正)		쇼와(昭和)	
1893	19	1912	0	1926	10
1894	2	1913	15	1927	0
1895	43	1914	25	1928	1
1896	22	1915	29	1929	2
1897	33	1916	26	1930	10
1898	33	1917	27	1931	15
1899	31	1918	20	1932	5
1900	35	1919	20	1933	0
1901	69	1920	23	1934	3
1902	45	1921	27	1935	12
1903	44	1922	22	1936	19
1904	37	1923	18	1937	10
1905	29	1924	33	1938	13
1906	22	1925	22	1939	19
1907	34	합 계	307	1940	12
1908	21			1941	21
1909	29			1942	22
1910	41			1943	12
1911	33			1944	10
합 계	622			1945	2
				합 계	198

현대인들의 욕망은 욕망의 주체, 대상, 중개자가 각각 꼭지점을

이루는 삼각형의 구조로 되어 있다. 다시 말해서 욕망은 원하는 대상으

로부터 바로 생겨나는 것이 아니라, 그것을 지금 소유하고 있는 중개자(모델 또는 라이벌)에 의해 간접적으로 잉태되는 것이다.[12] 이를 광고라는 근대 매체에 적용한다면, 일상생활을 영위하는 사람들은 주체이고, 그들이 소유하기를 꿈꾸는 상품은 대상이며, 이 과정에서 광고는 상품에 대한 정보를 제공하는 본질적 기능을 바탕으로 사람들에게 욕망을 매개하는 중개자의 역할을 수행한다. 따라서 주조토의 신문 광고는 쓰무라준텐도의 영업 전략이라는 의미를 넘어서 주조토라는 매약, 즉 해피드러그가 근대 일본에서 어떤 사회적 기능을 수행하였고, 그 시대를 살아가는 사람들의 어떤 '욕망'을 매개해 왔는지 파악할 수 있는 좋은 재료이다.

'자궁병 혈도血の道' 치료에는, 주조토

주조토의 초창기 광고에 따르면, 그 대상은 "자궁병·혈도, 산전 산후 장애, 월경불순, 백대하白帶下,[13] 적대하赤帶下,[14] 상기逆上,[15] 우울きふさき, 입덧つわり, 어지러움めまい, 두통, 수종水腫, 간질 증세癪症, 산적疝癪,[16] 감기感冒"로 어려움을 겪고 있는 "부인婦人"이다(그림 2). 그러나 이 중에서 주요 대상은 광고 첫 부분에 굵은 글씨로 강조하고 있는 것에서도 알 수 있듯이 "자궁병, 혈도, 월경, 기타 증상"으로 고생하는 부인이다. 이후 주조토의 광고에서는 "10년 동안의 혈도를 3주 만에 완치하다"라는 광고 문구를 눈에 띄게 굵게 표기함으로써, 주요 판매 대상이 '자궁병

그림 2 『도쿄아사히신문』, 1893.5.19

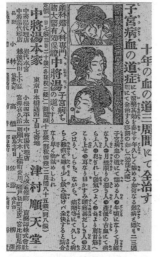

그림 3 『도쿄아사히신문』, 1895.1.10

혈도증'으로 고생하는 부인, 즉 성인 여성임을 명확히 하였다(그림 3).

그런데 『도쿄아사히신문』의 경우, "10년 동안의 혈도를 3주 만에 완치하다"라는 광고 문구는 1906년 3월 3일 이후 등장하지 않고, 그 대신 "부인의 양생養生",[17] "완전한 건강",[18] "허약한 부인, 아이가 없는 부인"[19] 등과 같은 광고 문구가 굵은 글씨체로 다양하게 등장한다. 동일한 광고를 여러 신문에 반복적으로 게재했던 것을 고려한다면, 이는 『도쿄아사히신문』에 실린 광고에 국한된 것은 아닐 것이다. 물론 이후의 광고에서 '자궁병 혈도증'이라는 문구가 사라진 것은 아니다. 다만 '자궁병 혈도증'이라는 글씨가 다른 증세들과 병렬적으로 제시되고 있을 뿐, 이전의 광고처럼 굵은 글씨로 강조되고 있지 않고 있다. 이러한 광고 문구의 변화가 무엇을 의미하는지에 대해서는 다음에 다시 다루도록 하겠다.

그렇다면 주조토가 주요 치료 대상으로 삼은 '자궁병 혈도증'은 무엇일까. 우선 '혈도증'에 대해서 알아보도록 하자. 혈도증에 대한 당시의 설명은 다음과 같다.

부인 혈도血道

이른바 혈도라는 것이 있다. 뭐라 말할 수 없는 병명으로, 그 증상은 불분명하지만 부인이 걸리는 병이고, 무엇인가 하면 그저 기분이 우울하고 때때로 상기逆上, 어지럼증, 이명, 하부 복통 등을 혈도라 칭한다.[20]

고서古書에 따르면, 남자는 정精을 주된 것으로 하고, 부인은 혈血을 주된 것으로 한다. 대개 부인의 병은 혈에서 기인하지 않는 것이 없다고 한다. 이것이 이 병명의 유래이다.[21]

여기에서는 뭐라 특정할 수는 없지만 성인 여성에게 보이는 광범위한 증상을 '혈도증'이라 부르고,[22] 그 원인을 '피의 길血道', 즉 혈액순환에서 찾고 있다. 이는 기氣·혈血·수水의 균형이 깨지면 만성병을 일으킨다고 보는 한방漢方[23] 지식에 기초한 것이고, 따라서 치료도 몸을 따뜻하게 만들어서 혈액순환을 회복시키면 된다고 본다.[24] 요컨대 여성의 증상은 체내 혈액 순환을 둘러싼 장애로 취급되고 있는 것이다.

이에 비해 자궁병은 백대하, 적대하, 월경불순 등과 같이 '자궁'과 직접적으로 관련된 증상을 말한다.[25] 이는 여성의 질환을 자궁, 난소,

질과 같이 해부학적으로 분류하는 서양 근대 의학의 지식에 기초한다. 그리고 여기에는 여성이 자궁 때문에 그 신체에 병을 지닐 수밖에 없는 '약한' 존재라는 신체관이 존재한다.

실제로 메이지明治 20년대1887~1897에는 에도시대 이래의 여성약과 메이지 이후 서구에서 들어 온 여성약이 서로 공존하며 경쟁하던 시기였다. 실제로도 주조토를 비롯한 이 시기의 여성약들은 '혈도'와 '자궁병'을 구별하지 않고 혈액순환과 각종 대하증 및 월경불순을 '종합적'으로 치료할 수 있다고 광고하였다.[26] 이런 의미에서 주조토를 비롯한 메이지 20년대의 여성약 광고는 '혈도'로 대표되는 한방의 여성 신체관과 '자궁병'으로 대표되는 서양 근대 의학의 여성 신체관이 공존하는 전환기의 특징을 보여주는 좋은 사례이다. 이는 한방에 기초한 여성약인 주조토가 초창기 광고에서 서양 근대 의학의 저명한 산부인과 의사들로부터 "불가사의한 효능이 있다는 증명서"[27]를 받았다고 반복적으로 강조함으로써 그 효능을 증명하려던 것에서도 알 수 있다.

하지만 메이지유신 이후 '혈도'를 항목으로 설정한 도서는 총 19권이지만 '자궁병'을 항목으로 설정한 도서는 3배에 달하는 총 49권이었다는 점,[28] '혈도'라는 항목을 설정한 도서는 1926년 이후 전혀 보이지 않는다는 점 등을 고려한다면, 여성의 건강을 바라보는 사회의 시선은 한방의 여성 신체관보다 서양 근대 의학의 여성 신체관이 점차 주류를 형성하게 되었음을 알 수 있다. 따라서 1906년 3월 3일 이후 주조토의 광고가 더 이상 '자궁병 혈도'만을 강조하지 않고 다른 증상들과 병렬적으로 배치하게 된 이유는 여성의 건강을 바라보는 사회의 시선 변화가 반영된 결과라 볼 수 있다. 이것은 이 시기 이후 주조토의 광고에 서양 여성이 등장하거나 서양의 '인정'을 받는다는 내용이 등장하는 것에서도 알 수 있다.

그림 4에서는 서양 여성들이 일본에 오면 커피나 우유보다도 먼저 주조토를 찾는다며 주조토의 '해외 수출'을 강조하고 있다. 그림 5에서는 "만국 부인약 의회"라는 가상의 기구를 설정하고,[29] "세계의 모든 부인약 중 주조토가 가장 우량하다"는 의결을 내렸는데, 그 이유는 "고귀한 원료, 정묘한 조제, 현저한 효능은 현대 의학을 능가"하기 때문이라고 설명한다.

현재로서는 서양 여성들이 얼마나 주조토를 소비했는지 알 수 있는 자료가 없다. 하지만 서양 여성을 등장시킨 이유는 "구미의 화학자마저 경이롭게 생각하는 주조토의 영묘한 효력",[30] "구미의 부인이 국산 영약 주조토를 상찬하는 이유."[31] 등과 같은 문구에서 알 수 있듯이, 서양 근대 의학에 뒤처지지 않는 주조토의 '과학적' 효능을 강조하기 위함이었을 것으로 추측된다. 그렇다면 주조토가 강조하는 '과학적' 효능의 내용은 무엇이었을까?

그림 4 『도쿄아사히신문』, 1910.11.19

그림 5 『도쿄아사히신문』, 1919.10.15

여성미를 원한다면, 주조토

주조토의 초창기 광고 중에는 실제 복용자의 사례편지를 게재한 광고가 다수 등장한다. 다음은 그중 일부이다.

10년간의 혈도, 3주 만에 완전히 낫다

안녕하세요. 저의 어머니는 혈도병으로 거의 10년 정도 고생했습니다. 그동안 각지의 명의를 찾아 치료를 받거나 갖가지 매약 등을 복용했지만 효과가 없고, 신체는 점점 쇠약해져 어떤 일도 할 수 없는, 속된 말로 '빈둥빈둥'병으로 너무나 힘들었습니다. 이러던 중 귀 점포에서 판매하는 '주조토'는 혈도에 지극히 효과가 있다는 평판을 접하고 3주일 동안 복용했더니, 신기하게도 많이 좋아져 식욕도 돌아오고 기분도 매우 좋아졌습니다. 진정 세상 어디에도 없는 좋은 약이라며 크게 기뻐합니다. 앞으로 1주일 더 복용할 예정입니다.

치바현 가토리군 구리하라촌 968번지, 다카하시 모토키치

숨차고 두근거리던 것이 나아지고 냉도 없어졌다

안녕하세요. 제 아내는 자궁병으로 산후 나쁜 피古血 때문에 숨이 차고 심하게 두근거리며 등부터 어깨까지 걸리고, 귀가 울리고 눈이 침침하며 두통이 매우 심하고, 소변이 자주 마렵고 대변도 보기 어려워 곤란했습니다. 그러나 귀 점포의 '주조토'를 얼마 전부터 복용하기 시작하여 지금은 냉도 거의 멈추고 숨이 차거나 심하게 두근거리던 것이 완전히 나았습니다. 하지만 혹시 몰라서 1주일 더 복용하고자 하니 빨리 보내주시기 바랍니다.

오카야마현 가요군 아시모리촌 우카미아시모리 71번지, 오쿠라 다우에몬[32]

여기에서는 '어머니'가 일상에서 겪는 무기력증이 혈도병으로, '아내'가 '산후' 겪는 '증상'들이 '자궁병'으로 규정되고, 그것이 주조토로 치료되었음이 복용자의 '아들'과 '남편'을 통해서 확인되고 있다. 아들과 남편=성인 남성의 시선으로는 무기력한 '어머니'와 '산후' 아내=성인 여성의 신체에 나타나는 일상의 '증상'이 치료해야 할 '질병'으로 인식되고 있는 것이다. 그리고 이 시선이야말로 '자궁병 혈도' 치료제임을 강조하던 주조토의 영업 전략이기도 하였다.

그러나 앞에서 살펴본 1906년 3월 3일 이후의 광고에서는 사뭇

그림 6 『도쿄아사히신문』, 1910.5.22.

다른 시선으로 '건강'이 강조되고 있다. 예를 들어 1910년 5월 22일 자 『도쿄아사히신문』에 실린 광고를 보도록 하자(그림 6).

> 얼굴이 증거
>
> 매일 아침 경대 앞에 앉아 화장할 때 **자신의 혈색이 좋지 않다고 느끼신 분은 없습니까?**
>
> 조금이라도 나쁘다면 분명히 신체에 이상이 있는 것이므로,
>
> 부인병의 영약인 주조토로 **건강을 도모하세요.**
>
> (삽화) 신체는 건강해지고 혈색이 좋아지는 것도 모두 주조토 덕분.
>
> 주조토는 기혈이 머리 쪽으로 치밀어 오르는 증상逆上를 누그러뜨리고 혈액순환을 순조롭게 만들어 자연스럽게 혈색이 좋아진다.

여기에서는 '산후'나 무기력증이 아닌 '매일 아침'의 '혈색'으로 '확인'되는 일상의 '건강'이 제시되고 있으며, 이를 확인하는 시선도 성인 여성 '자신'이다. 물론 왼쪽에는 자궁병, 자궁병 내막, 부인신경(히스

테리), 냉증, 월경불순 등과 같은 '질병'이 상세히 제시되고 있다. 하지만 광고 전체에서는 화장대 앞에 선 성인 여성의 삽화가 보여주듯이, 그러한 증상이 아니라 오히려 '혈색'으로 대표되는 일상의 건강을 주조토로 지킬 수 있음이 강조되고 있다. 요컨대 성인 여성 '자신'이 직접 '혈색'을 체크함으로써 일상의 '건강'을 주조토로 지키라는 메시지를 던지고 있는 것이다. 여기에서 한 가지 흥미로운 것은 1910년 이후라는 시점, 특히 1차 세계대전1914.7.28~1918.11.11이 발발한 시점임에도 불구하고 주조토 광고가 훗날 중일전쟁 당시의 광고와 그 내용을 전혀 달리하고 있다는 점이다. 나중에 살펴보듯이 1937년 중일전쟁 발발 이후 주조토 광고에는 '건강한 모체'를 강조하는 국가주의적 현모양처 담론이 반영되었다. 하지만 이 시기에는 '군국부인'이라는 개념이 제시되고는 있지만, 그 내용은 "적어도 원정遠征을 떠난 남편이 걱정하지 않도록 집에 있는 그 아내가 필사적으로 주조토를 복용하여 평소의 허약함을 회복하고 건강한 부인이 됨으로써 마침내 개선하는 남편을 건강한 얼굴로 맞이하는 것이 군국軍國 부인의 유일한 임무"라고 제시되고 있다(그림 7). '군국'이라는 국가주의적 가치가 반영되었다 하더라도 '튼튼한 아이를 출산하는 건강한 모체'가 아니라 '일상의 건강'을 스스로 챙겨서 남편의 근심을 없애주는 '좋은/현명한 아내'가 제시되고 있는 것이다. 여기에는 '개인'이 발견된 다이쇼 데모크라시라는 시대적 특성이 반영되어 있다고도 할 것이다.

그렇다면 성인 여성이 일상의 '건강'을 스스로 챙겨야 하는 이유는 무엇일까. 그림 8은 그 이유를 극명하게 대조적인 '얼굴' 삽화를 제

그림 7 『도쿄아사히신문』, 1914.9.10

시하며 설명하고 있다.

한눈에 알 수 있는 부인의 건강

(삽화) 결혼적령기 여성의 생기 있는 혈색만큼 아름다운 것이 있을까요?

이와 달리 아래 그림처럼 단번에 히스테리하다고 느껴져 **불행한 생애**를 보내는 사람. 주조토를 마시는 것 외에 구제할 방도가 없습니다. (삽화)

(삽화) 결혼 후 얼마 안 돼서 **혈도**로 고생하는 사람은 그 가정의 불쾌감과 자식 없는 쓸쓸함.

아름다운 아내의 살가운 따뜻한 얼굴은 보는 사람의 마음을 모두 행복하게 만듭니다. 꾸준히 주조토를 복용하고 위생에 주의한 결과입니다. (삽화)

(삽화) 미혼 처녀 중에서도 백대하가 있거나 자궁이 아픈 사람은 왠지 모르게 음울한 얼굴입니다.

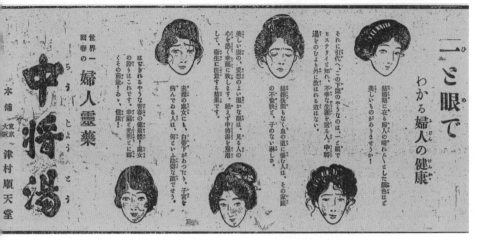

그림 8 『도쿄아사히신문』, 1921.3.22

통통 튀는 청춘의 건강미! 처녀의 자랑입니다. 행복과 광명으로 빛나는 그 앞날! 아~ 건강! (삽화)

여기에서는 '혈도로 고생' 또는 '백대하가 있거나 자궁이 아픈' 것 이외에는 특별한 '증상'이 제시되고 있지 않다. 이보다는 '생기 있는 혈색'과 '음울한 얼굴'을 대조적으로 제시하면서 '건강미'를 행복의 조건으로 강조하고 있다. 요컨대 '건강미'야말로 "화장미化粧美를 능가하는 미美의 전형"(그림 9)이므로, 건강을 지키는 것은 "재물보다도 소중"(그림 10)한 행복의 가치가 되는 것이다.

그러나 이와 같은 광고에서는 이전의 '자궁병 혈도' 치료제 광고와 달리 성인 여성의 '증상'을 상세히 제시하지 않거나, 제시하더라도 하단에 작게 하고 있다는 점에 주목할 필요가 있다. 오히려 "추위가 몸

그림 9 『도쿄아사히신문』, 1924.11.23

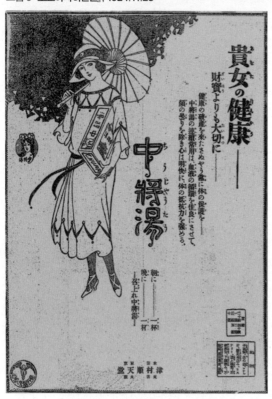

그림 10 『도쿄아사히신문』, 1924.6.9

까지 스며들기 쉬운 계절에는 혈행血行을 왕성히 하여 몸의 저항력을 길러 건강을 증진하는 것이 중요하다. 이를 위해서는 주조토의 상용常用을 간곡히 추천합니다"(그림 9)와 같이, 주조토를 '몸의 저항력'을 기르기 위해 먹는 '상비약'으로 광고하고 있는 것이다. 그리고 이렇듯 주조토를 일상적으로 복용하는 행위는 마침내 "부인이 젊음을 되찾는 법"으로 선전된다(그림 11).

그런데 여기에서 '부인이 젊음'을 되찾는 것은 '청춘의 건강미'가 아니라 '여성미'를 되찾는 것을 의미하였다. "모든 것을 정복하는 여성미의 매력, 이것은 자궁의 건전한 육체미로 만들어진다"[33]는 이 시기의 또 다른 광고 문구에서 알 수 있듯이, 성인 여성이 젊음을 되찾는다는 것은 '여성미'의 회복을 의미하였다.

그렇다면 여기에서 제시되는 '여성미'란 무엇일까?

1926년 쇼와시기에 들어서 국가가 규정한 '여성미'는 대체로 '모성'에 기초한 '현모양처'로 대표되었다. 예를 들어 1936년 주조토 광고를 보도록 하자(그림 12).

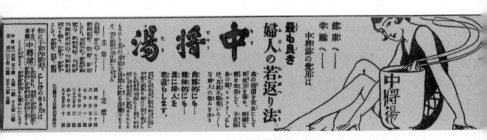

그림 11 『도쿄아사히신문』, 1930.4.27

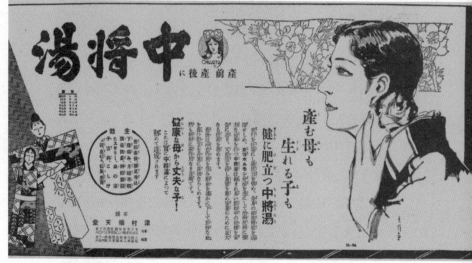

그림 12 『도쿄아사히신문』, 1936.3.3

출산하는 어머니도 태어난 아이도 건강하게 만드는 주조토

혈행血行을 왕성하게 만들어 저항력을 키우고, 전신의 세포기능을 활성화시켜 **여성 호르몬 분비를 왕성하게 만듦으로써,** 치병항병治病抗病에 강력한 효과를 지닌 주조토는 마시기 쉽고, 임신중인 모체母體를 안전하게 보호하며 입덧을 치료하고 식욕을 늘려 순산을 위한 중대한 역할을 수행합니다.

산후에는 피를 맑게 하여 어혈瘀血을 신속하게 없애고 신선한 피를 만들어 건강하게 만드는 데 매우 효과가 있습니다. 게다가 부작용도 전혀 없습니다.

건강한 어머니에서 튼튼한 아이!

이것은 실로 주조토로 인해 비로소 달성됩니다.

여기에서는 '건강한 어머니가 튼튼한 아이'를 낳는다는, 근대 이래의 현모양처 담론이 제시되고 있다. 이는 "모성이 건강하지 못하면 평생 가정이 어둡다"[34]는 논리와도 연결된다. 그리고 이러한 논리는 쉽게 예상되듯이 1937년 중일전쟁 발발 이후 "여성의 건강은 국력"[35]이라는 총동원 체제의 애국 담론이었다. 요컨대 어디까지나 '여성미'는 출산과 관련된 '모성'의 강조를 의미하는 것이다.

그런데 **그림 12**의 광고에서 한 가지 주의해야 할 점이 있다. 그것은 '여성 호르몬 분비'라는 문구이다.

호르몬이라는 용어는 1905년 영국의 생리학자 스타링Ernest H. Starling이 처음 도입한 이래 남녀의 생식기에서 분비되는 호르몬을 각각 남성 호르몬과 여성 호르몬이라 부르게 되었다. 이것은 성 호르몬이 '남성성'과 '여성성'을 만들어내는 화학적 근원이라는 성적이원론性的二元論 구축으로 이어졌다.[36] 일본에서도 1920~30년대에 걸쳐 여성 호르몬이 여성의 특징과 아름다움을 결정짓는다는 인식이 널리 퍼졌다. 예를 들어 "모든 여성미는 실로 그 생식선인 난소보다 혈액 중에 송치되는 내분비물, 이른바 호르몬이 육체 및 정신 양쪽에게 현저히 영향을 끼치기 때문에 여성 특유의 체질과 심성을 만들어 낸다"[37]는 담론이 보편적으로 받아들여졌다. 이와 같은 여성 호르몬 담론은 당연히 주조토 광고에도 반영되었다. 그중 하나가 앞의 **그림 12**와 같이 '건강한 어머니에서 튼튼한 아이'가 태어난다는 현모양처 담론으로 이어졌다면, 다른 하나는 **그림 13**과 같이 '여성 호르몬이 만들어 내는 위대한 여성미' 담론으로 이어졌다. 이는 삽화로 제시된 여성과 "자연미를 발휘하여 생

그림 13 『도쿄아사히신문』, 1936.5.8

생한 젊음! 화장미라 해도 근본은 건강에서"라는 광고 문구에서 알 수 있듯이 '여성미'는 성인 여성이 젊음을 회복하는 것을 의미하였다. 그리고 이것은 주조토의 영업 전략이 더 이상 '자궁병 혈도' 치료제에 있지 않고, '건강 연령을 젊게 유지할 수 있는 약', 즉 해피 드러그의 성격에 있음을 명확히 보여준다.

하지만 1937년 3월 7일 중일전쟁이 시작되자, 주조토 광고에는 "후방의 방비는 우선 여성의 건강부터"라는 광고문구가 등장한다(그림 14). 여기에는 다음과 같은 설명이 추가되고 있다.

체력의 저하는 국민적 기개에 중대한 영향을 끼칩니다. 비상시에 있어서 병약하거나 부인질병 등으로 고민을 하고 계신 분은 일시적 또는 국부적이 아니라 즉각 명약 주조토로 빨리 질병의 근원을 고쳐 몸 전체에 생기가 넘치는 건강한 신체를 창조함으로써 각기 보국報國의 지성을 다하여 후방의 임무를 다할 수 있길 바랍니다.

여기에서는 여성미 담론이 사라지고 '보국의 지성을 다하여 후방의 임무를 다할 수 있는' 현모양처 담론만 제시되고 있다. 중일전쟁이라는 국가의 '비상시'를 배경으로 어머니이자 아내로서의 여성에게는 전장이 아닌 후방에서 남성 노동력을 보강하고 가정을 지키는 역할이 주어지면서 주조토를 복용하는 이유는 "여성의 건강은 국력",[38] 즉 '강한 아이'를 출산하기 위한 "강한 모체"[39]라는, 국가주의가 한층 강화된 현모양처 담론으로 회귀되고 있다(그림 15). 이제, 주조토는 '대동아 건설'이라는 국가적 목표를 완수하기 위해 '병약病弱'을 추방하는 "전시 대동아 여성의 보건약"[40]이 된 것이다(그림 16). 그리고 '대동아 건설'이 '제국 일본'의 목표였던 만큼, 주조토가 구현한 '여성의 건강은 국력'이라는 국가주의적 현모양처 담론은 그림 17과 그림 18과 같이 '국어일본어'와 '조선어한글'로 '제국 일본'의 '신민'들에게 동일하게 제시되었다.

이제 주조토가 어떻게 '제국 일본'의 해피 드러그가 되었는지 알아보도록 하자.

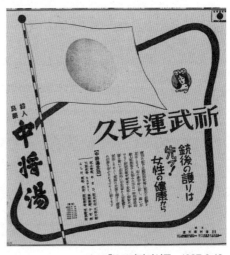

그림 14 『도쿄아사히신문』, 1937.9.18.

그림 15 『도쿄아사히신문』, 1941.5.10

그림 16 『도쿄아사히신문』, 1944.1.22

그림 17 『도쿄아사히신문』, 1939.10.20

그림 18 『조선일보』, 1939.10.15

'제국 일본'의 해피 드러그, 주조토

1905년 3월, 주조토를 생산 판매하는 쓰무라준텐도의 창업자 쓰무라는 하쿠분칸博聞館[41] 창업주 오하시 신타로大橋新太郎 등과 함께 상하이에 주식회사 동아공사東亞公司를 설립하였다.[42] 쓰무라가 "동아공사 설립 후 얼마 되지 않아 중국 시찰을 시작했는데, 일본해 해전 승보를 장강長江 위의 배에서 들었다"[43]고 회고하고 있듯이, 동아공사는 일본이 러일전쟁에 승리한 이후 중국 대륙으로의 '진출'을 기대하며 설립되었다.

그림 19는 이 시기에 일본 신문에 실린 주조토 광고이다. 왼쪽부터 '일본', '고려', '청국'을 표기한 지구본 위에서 '주조허메'가 주조토를 붙고 있으며, 그 사이에는 '부인약왕婦人藥王', 즉 부인약 중에서는 최고라는 광고문구가 적혀 있다. 일견 한반도와 중국대륙으로 판로를 개척하고 있는, 아니면 개척하려는 쓰무라의 포부가 반영된 광고라 할 수도 있다. 하지만 광고가 실린 1905년 10월 24일이 러일전쟁을 종결시키기 위해 일본과 러시아가 맺은 9월 5일로부터 한 달 반 정도가 지나는 시점이라는 점에 주의할 필요가 있다. 러일전쟁 '승리'라는 국가주의적 성취를 배경으로 주조토의 영업 전략이 한반도는 물론이고 중국대륙으로도 향하기 시작한 것이다.

그림 20은 이 시기의 중국 '진출'을 알 수 있는 주조토 광고인데, 그 내용은 다음과 같다.

그림 19 『도쿄아사히신문』, 1905.10.24

우리나라의 유일한 부인 양약으로 일반
분인의 사랑을 받아 온 우리 주조토는 이
제는 한결같이 청국에서도 그 뛰어난 효험
을 인정받아 주조토를 복용한 청국 부인으
로부터 난병難病 완치에 대한 감사장을 받
았습니다. 지금 여기에 그 한두 개를 세상
사람들이 참고할 수 있도록 제시한다.

실로 저희 회사가 해외수출을 시작한 이
래 날이 갈수록 수출량이 증가하고 있는
것을 알 수 있을 것이다.

중국 대륙에서도 주조토의 효능
이 변함없다는, 주조토라는 '상품'에 대
한 자부심 못지않게 그 이면에서는 러일전쟁 승리에 이어서 한일병합
이라는 국가주의적 성취를 배경으로 형성된 '제국 일본'과 '일본인'의
'자신감'을 숨김없이 드러내고 있다.

하지만 이미 설립 직후 중국 대륙에서 배일排日 운동이 발생하면
서 출판업이 저조해지자 1913년에 하쿠분칸은 쓰무라준텐도에게 주식
을 양도하고 철수하였고, 이후 쓰무라가 동아공사 사장에 취임하고 중
국 대륙의 판로 개척을 시도하였다. 하지만 1차 세계대전 이후에도 예
를 들어 1927년 7월 1일 중국인 노동자 수백 명이 '배일시민대회'를 개
최한 후 상하이 우쏭항吳淞巷 입구에 세워져 있던 "진탄仁丹, 주조토 광고

그림 20 『도쿄아사히신문』, 1911.1.6

탑"[44]을 파괴하는 등 배일운동이 한층 격화되면서 중국 대륙의 판로 개
척은 순탄하지만은 않았다.[45]

하지만 주조토는 식민지 조선에서 팔린 일본 매약賣藥 Best 10 중
하나였을 정도로 큰 인기를 끌었다.[46] '제국 일본'의 식민지 조선에서는
달랐던 것이다.

그렇다면 이렇듯 주조토가 식민지 조선에서 큰 인기를 얻을 수
있었던 이유는 무엇이었을까.

1910년 한일병합 이후 1920년 『조선일보』와 『동아일보』 창간까
지 한글 독자를 상대로 한 유일한 광고 매체는 조선총독부의 기관지였

그림 21 『每日申報』, 1914.11.3

그림 22 『朝鮮時報』, 1914.11.15; 『도쿄아사히신문』, 1911.10.15

던 『매일신보每日申報』[47]였는데, 그 광고 지면은 주조토는 물론이고 라이온ライオン, Lion 치약, 진탄, 아지노모토, 다이가쿠메쿠스리大學目藥 등 '제국 일본'의 주요 상품들이 차지하고 있었다. 그림 21은 1914년 11월 3일 자 『매일신보』에 실린 중장탕 광고이고, 그림 22는 같은 달 15일 자 『조선시보朝鮮時報』[48]에 실린 주조토 광고이다.

　『매일신보』에 실린 광고문구가 한글인 반면, 『조선시보』는 일본어이고 그 내용도 동시기 10월 15일 자 『도쿄아사히신문』에 실렸던 광고와 동일하다. 『조선시보』가 재조일본인을 대상으로 부산에서 발행된 일간지인 점을 고려한다면, 동시기의 『매일신보』와 『조선시보』에 실린 주조토 광고 문구에 나타난 언어의 차이는 해당 미디어가 설정하고 있는 구독자를 고려하면 당연한 결과라 할 것이다.

하지만 여기에서 한 가지 확인해 두고 싶은 것은 주조토의 한글 광고에서 식민지 조선을 상징하는 '한복'입은 여성이 등장하고 있다는 점이다. 앞에서 살펴보았듯이, 1906년 이후 주조토의 영업 전략은 여성 스스로 자신의 '건강'=여성미 회복으로 변화하였고, 이러한 영업 전략의 변화가 식민지 조선에서도 관철되기 위해서는 '기모노'가 아니라 '한복'을 입은 식민지 조선의 여성이 등장해야 할 필요가 있었던 것이다. 이처럼 주조토는 동시기의 그 어떤 '제국 일본'의 상품보다도 발 빠르게 '현지화' 전략을 구사하기 시작하였다.

주지하다시피 3·1운동 이듬해인 1920년 1월 16일 조선총독부는 '문화정치'의 일환으로 식민지 조선인의 신문 발행을 허가하였고, 이에 따라 1920년 3월 5일 『조선일보』, 4월 1일 『동아일보』가 창간되었다.

표 2 『조선일보』와 『동아일보』의 주조토 광고 회수

발행연도	조선일보	동아일보	합계	조선신문
1920	0	0	0	0
1921	0	0	0	0
1922	0	7	7	0
1923	0	33	33	0
1924	0	37	37	36
1925	4	27	31	24
1926	10	11	21	14
1927	25	25	50	24
1928	20	21	41	26
1929	27	33	60	36
1930	15	11	26	15

발행연도	조선일보	동아일보	합계	조선신문
1931	5	7	12	24
1932	6	11	17	21
1933	10	17	27	25
1934	14	17	31	12
1935	18	20	38	20
1936	19	14	33	22
1937	14	1	15	15
1938	17	10	27	1
1939	14	19	33	23
1940	3	0	3	19
합계	221	321	542	357

표 2는 1940년 8월 10일 조선총독부에 의해서 강제 폐간될 때까지 『조선일보』와 『동아일보』에 실린 주조토 광고의 회수이다. 동시기에 재조일본인이 경성에서 일본어로 발행한, 한때 『경성일보』의 발행부수를 능가하기도 했던 『조선신문朝鮮新聞』[49]의 광고 회수와 비교해보면, 『조선일보』와 『동아일보』의 광고 회수가 결코 뒤지지 않음을 알 수 있다. 이는 '제국 일본'의 상품이 식민지 조선이라는 시장을 얼마나 중시하고 있었는지 알려주는 한편, 다른 한편으로는 현실적으로 광고료가 신문사 운영과 직접 관계된다는 점을 고려하면 '민족지' 『조선일보』와 『동아일보』도 '제국 일본'의 상품 광고료를 무시할 수 없었음을 말해준다.

그림 23은 『조선신문』과 『도쿄아사히신문』에 실린 일본어 광고이고, **그림 24**는 『동아일보』에 동일한 광고가 한글로 번역되어 실린 것이다. 그 내용은 다음과 같다.

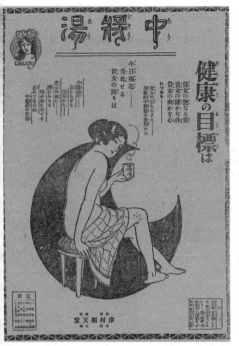 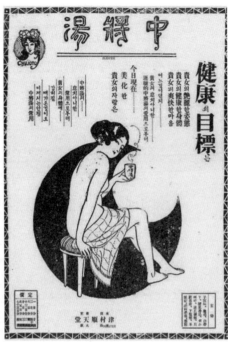

그림 23 『朝鮮新聞』, 1924.6.6; 『도쿄아사히신문』, 1924.6.30   그림 24 『동아일보』, 1924.6.10

건강의 목표는

귀녀貴女의 염려艷麗한 자태 / 귀녀의 건강한 신체 / 귀녀의 상쾌한 마음

어느 것이던지… / 귀녀의 태만치 아니한… / 연속적 주조토의 애용으로부터

금일 현재… / 미화美化한 / 귀녀의 자랑은

주조토의… / 태만치 아니한 상용常用으로부터

귀녀의 신체에… / 갑허질 / 때가 온 것이요 / 이저서는 안 될 / 주조토의

상용

식민지 본국의 영업 전략, 즉 성인 여성 스스로 일상의 '건강'을 지키려면 주조토를 '소비'하라는 메시지는 식민지 조선에서도 동일하게 '중장탕'으로 제시하고 있는 것이다. '제국 일본'의 영역 안에서 주조토/중장탕이라는 상품은 그 지배와 피지배를 구분하지 않고 '건강'이라는 '목표'를 달성하기 위한 '소비' 행위를 매개하고 있는 것이다.

한편, 『동아일보』는 1930년 3월 15일부터 건강 상담 독자 투고란 「지상병원紙上病院」을 연재하기 시작하였다. 독자가 질병 증세만이 아니라 '폐결핵 치료에 요양원이 조흘까요'[50]와 같이 건강에 대한 전반적인 사항을 엽서로 문의하면, 선별하여 의학전문가가 답을 신문에 게재하는 형식이다. 『동아일보』는 「지상병원」 투고와 관련하여 다음과 같이 '주의'를 공지하고 있다.

「지상병원」에 투고하시는 분에게

날마다 지상병원에 드러오는 엽서는 참으로 놀랄만치 만습니다. 그것을 정리하는 것만으로도 여간한 일이 아닙니다. 그러니 본의는 아니지만 독자 여러분들은 다음의 몇 가지를 꼭 지켜주십시오.

— 반듯이 엽서에 순한글으로 쓰시고 부득이한 경우에만 괄호를 치고 한문자를 쓸 것.

— 반듯이 병명病名을 간단하게 부칠 것.

— 봉투에 너흔 것과 한문자를 섞어서 쓴 것은 해답하지 안흠.[51]

동아일보사가 '반드시 엽서에 순한글'로 작성하도록 하고, '부득이한 경우에만 괄호를 치고 한문' 사용을 허락하되 '봉투에 너흔 것과 한문자를 섞어서 쓴 것은 해답하지 않겠다'고 당당히 선언할 정도로 「지상병원」에 대한 독자의 관심, 즉 '건강'에 대한 식민지 조선인의 관심은 매우 높았다고 할 수 있다. 물론 이것은 건강 상담이 가능한 의료 서비스 기관의 불충분함을 노출하는 것이기도 하다. 하지만 이 글의 문제의식에 준하여 보다 흥미로운 것은 독자 스스로 '반듯이 병명'을 적어야 한다는 점이다. 여기에서 '반듯이' 적어야 하는 병명은 의학전문가가 확인하고 답할 수 있는, 즉 근대 서양 의학을 기초로 하여 과학적으로 '확인' 가능한 치료법을 제시할 수 있는 병명이어야 한다는 점이다. 『동아일보』의 「지상병원」은 건강에 대한 식민지 조선인의 높은 관심도와 그에 부응하지 못하는 의료 서비스 기관이 부족한 상황을 보여주는 한편, 다른 한편으로는 근대 서양 의학이 과학적으로 규정한 '질병'이 대중적으로 널리 인식되는 데 큰 역할을 하였다고 볼 수 있다. 「지상병원」이 폐간 직전인 1940년 7월 9일까지 10여 년간 꾸준히 지속된 결과, 식민지 조선인은 질병까지는 아니지만 유사한 증세를 토대로 본인도 그 '질병'이 아닌지 '걱정'하고, 그 '걱정' 때문에 병원을 찾거나 병원을 갈 형편이 안 되면 해당 '질병'에 효력이 있다고 광고하는 매약을 구입하는, 이른바 '의료의 사회화'를 '체득'하고 있는 것이다.

그렇다면 매약 중장탕이라는 상품을 매개로 한 식민지 조선의 의료의 사회화는 어떻게 진행되었을까. 다음은 『동아일보』의 「지상병원」에서 중장탕이 언급되는 상담 내용이다.

월경불순

문. 저는 금년 19세된 기혼여자이온대 매달 오는 월경이 심하면 15일에도 오고 20일에도 오고 하야 극히 불순하오며 언제나 두통과 아래배가 앞우고 잇습니다. **가정치료법의 양책을 하교하야 주시옵소서. 광고에 나는 중장탕 같은 것은 어떠할가요. 자세히 알려주시옵소서.**(두통·생頭痛生)

답. 자궁에 병이 잇으면 그럿습니다. 약보다는 자궁내막 수술을 받다보시오. 수술이 실으면 오랫동안 부인과 병원에 가서 치료를 오랫동안 하야만 낫습니다. **중장탕을 써도 해는 없습니다.**(부민병원 산부인과장 윤태권)[52]

오줌에서 악취

문. 금년 만 10세 된 여야로 6월부터 우연히 수문이 쑤시여서 몹시 앞후며 불그레한 물이 배출하여서 매약에 중장탕中將湯이라는 것을 복용하엿드니 쑤시고 앞은 증세는 없어젓으나 불그레한 물은 지금도 나오는대 항상 그런 것 아니오라 잇다금 나오는대 몹시 악취가 납니다. 그리고 아해의 부친이 십사오 년 전에 임질을 알은 일이 잇음니다. 어찌하여야 전치가 될지 지상으로 하교하여 주심을 바나이다.(일독자)

답. 가정에 림질을 아른시는 분이 잇으면 여아에게 그러한 불상사가 생기는 일이 가끔 잇음니다. 그 외에도 단순한 염증으로도 그런 일도 잇으니 그곳을 즉접 진찰하기 전에는 무엇이 원인인지 아지 못하겟습니다. 의사에게 즉접 진찰하시는 것이 제일 좃코 그러치 못하시면 더운 3% 붕쓰수로 쫌질을 매일 수찰하는 것도 좃습니다.(세부란스 이영준 박사)[53]

그림 26 『동아일보』, 1935.3.26

전자는 '월경불순', 후자는 추측하건대 '백대하'와 관련된 여성 질병에 대해 매약 중장탕을 복용해도 괜찮냐는 상담이다. 이에 대해 의료전문가는 기본적으로 병원에 가서 진찰을 받으라고 권유하지만, 중장탕을 복용해도 된다고 답을 하고 있다. 이렇듯 중장탕의 효과를 '인정'하는 듯한 의료전문가의 답변은 독자들로 하여금 중장탕의 광고가 '거짓'이 아닐 수 있다는 '신뢰성'을 갖게 만드는 효과를 낳는다. 더군다나 「지상병원」 바로 아래에 배치된 "여성의 생명선을 수호하는 중장탕"이

그림 27 『読売新聞』, 1927.3.28, 『朝鮮新聞』, 1927.3.30

그림 28 『조선일보』, 1927.3.23·3.27; 『동아일보』, 1927.3.31

라는 광고 문구를 내건 중장탕 광고는 동아일보사가 의도하든 의도하지 않든 "부인질환을 정복하고 명랑한 건강미를 창조"하길 바라는 식민지 조선의 '한글' 독자들이 중장탕이라는 상품을 '소비'하게 만든다(그림 26).

　그리고 **그림 27**과 **그림 28**은 중장탕을 '소비'하는 행위가 무엇을 의미하는지 명확히 보여준다. 식민지 본국의 『요미우리신문読売新聞』에 실린 주조토 광고는 식민지 조선의 재조일본인이 발행하는 『조선신문』에는 동일한 일본어, 조선인이 발행하는 『조선일보』와 『동아일보』에는 한글로 '번역'되어 그대로 실리고 있다. 한글로 번역된 "건강의 계속은 행복의 토대"라는 광고 문구를 통해서 주조토라는 상품이 중장탕이라는 상품으로 현지화되고 있는 것이다. '제국 일본'의 영역에서 동일하게 '건강'이 '행복'의 조건으로 제시되고 있고, 그 '건강'을 지키기 위해서는 주조토/중장탕라는 상품, 즉 해피 드러그의 소비가 필요하다는 사회적 의료화를 촉진시켰던 것이다. **그림 26**과 동일한 광고가 1935년 3월 18일 자 『타이완니치니치신문台湾日日新聞』에도 게재되고 있는 만큼,[54] 식민지 본국의 상품 주조토는 건강이라는 근원적 욕망을 매개로 식민지 조선의 한글 '중장탕', 그리고 또 다른 식민지 타이완의 중국어 '중장탕中將湯'의 연쇄를 만들어낸 '제국 일본'의 해피 드러그였다. 이런 의미에서 다소 과장하여 말하자면, 해피 드러그 주조토야말로 '제국 일본'이 그토록 추구하던 '내선일체', 나아가 '대동아 건설'이 일상생활에서 구축하도록 만든 '상품'은 아니었을까.

박삼헌

제2장

무병장수의 욕망,
자양강장제 폴리타민과 '근대적 신체'

최근 전 세계적으로 건강관련 프로그램이 증가하고 운동기구와 운동복, 건강식품 및 영양제 광고가 상당히 증가했다. 이 현상들은 연장된 기대 수명과 함께 사망까지 질병없는 건강한 삶을 유지하려는 열망이 자신의 신체와 건강을 객관적으로 인식하기 시작하면서부터 나타났다. 일반 대중은 타고난 신체 조건과 유전적 요인이 평생의 건강을 좌우한다는 의학 지식을 습득했기 때문에 아동·청소년 시기에는 신체적 성장과 학습 효과를 높이고, 청·장년 시기에는 피로 회복과 대사 증후군 예방처럼 생애 전 주기 동안 연령대별로 건강에 관심을 보인다. 이와 같은 대중 심리를 잘 이용하는 것이 TV 및 인터넷 OTT의 건강관련 프로그램과 각종 영양제 광고들이다. 여기에서 강조하는 내용은 '특정 질병의 증상을 완화시키거나 예방할 수 있는' 대중적인 방법으로 개인의 신체 능력에 맞는 운동과 특정 영양소 섭취를 권장한다. 대중은 결국 콘텐츠 제작자가 의도한 대로 특정 영양소가 들어있는 식자재와 영양제 구매에 참여한다.

사실 하루의 식사를 통해 섭취하는 영양소는 개인의 신체 상황에 따라 필요한 영양소와 적정량은 분명 다르고 이 조건이 충족되지 못하면 질병이 발생한다. 따라서 성별·연령별 자신의 신체적 역량과 건강 상태를 최적화하기 위해 하루 세끼의 식사에서 부족한 영양분은 대개 영양 보조식품 및 영양제로 보충하고 있다. 이처럼 의료화된 사회에 노출된 대중은 질병 예방과 개선에 필요한 영양소가 어떤 것이 있는지, 어떻게 섭취하는 것이 효과적인지와 같이 질병과 관련된 정보에 관심을 보인다. 단적으로 프렌치 파라독스로 알려진, 적포도주에 들어있는 폴리페놀이 관동맥질환에 따른 사망률을 낮추는 좋은 성분이며 심장병과 알츠하이머 예방에도 좋다[1]는 식의 정보는 우리의 식생활과 잘 어울리지 않는 포도주를 저녁마다 마셔야 할 것처럼, 건강이 '강제되고 있는' 대표적 사례이다. 이처럼 우리는 질병 상태의 몸이 보내는 신호에 따라 필요한 영양소를 적극적으로 공급하기 위해 영양소가 다량 포함된 식품과 조립법을 찾게 되고 더 나아가 대체 영양제를 복용하게 되는데 이 사실은 인간의 생명 유지에 5대 영양소탄수화물, 단백질, 지방, 비타민, 무기질가 필요하다는 영양학과 전염병 예방을 위한 세균학에 기반을 둔 근대의학에서 출발했다.

이와 같은 의학 정보에 대한 용이한 접근성은 20세기 초 일본에서 영양학 관련 의학 지식들이 신문의 약품 광고에 적극적으로 이용되면서 확산되었다. 또 콜레라 유행과 같은 국가적 감염병도 근대일본의 공중위생 시스템 구축에 큰 역할을 하여 근대 위생국가의 탄생을 알렸다.[2] 근대일본은 청일·러일전쟁을 승리로 이끈 상시 국가 병력兵力으로 건강한 국민을 요구했고 이는 20세기 중반까지 제국주의 확산에 절대적으로 중요한 국가 아젠다였다. 그러나 20세기 초 일본의 2대 질병은 쌀밥 주식의 영양 불균형에서 오는 각기병과 집단생활에서 발병하는 결핵이었고 그 정도는 매우 심각했다. 육군과 해군을 중심으로 전개된 군인들의 '각기병' 논쟁은 주식인 쌀의 가치와 식생활을 통한 국민의 건강을 검증하는 계기가 되었다. 그 결과 해군이 채택한 보리밥 병식兵食은 서양인의 주 식재료인 육류와 동일한 영양소를 가지고 있지만, 쌀밥 병식을 채택한 육군에서는 비싼 쌀밥이 서민들이 먹는 보리밥보다 '좋은 음식'이 아니라는 점을 당시만 해도 이해하지 못했다. 각기병의 원인이 비타민B1이라는 영양소 부족이라는 의학적 사실을 알지 못했던 일본인은 비싼 쌀밥이 몸에도 '좋은 음식'이라고 여겼기 때문이다. 결과적으로 일본인들은 육·해군의 병식을 통해 비싼 음식이 좋은 음식이고 비싼 식재료가 영양소가 풍부하다는 등식이 일치하지 않는다는 결과를 확인했고 이 지점이 바로 일본에서의 근대 영양학의 출발이었다.[3] 따라서 우리들은 현재도 식재료에 포함된 영양소와 요리 방법과 양에 따라 달라지는 영양소의 화학적 변화를 확인하고 있으며 앞으로도 이런 현상은 지속될 것이다. 식사가 개인 건강과 직결된다는 점과 집단 장소가 개인의 건강을 국가 영역으로 확장시키는 감염병의 원인이 될 수 있으며 전염병은 오롯이 국가적 책임이라는 사실이 2020년의 팬데믹을 통해 확인되고 있다. 개인적인 신체를 이야기하는 근대의학이 최종적으로 국가가 개인의 신체를 통제하고 관리해야만 하는 국민국가의 국민건강담론의 토대가 되었다는 역설이다.

20세기 초 건강한 국민 만들기 프레임을 내건 일본의 국민국가 건강담론은 체질이 허약한 자국민의 건강이 면역력을 강화시키는 비타민을 포함한 각종 자양강장제 복용과 철저한 가정위생[4]으로 어느 정도 개선될 수 있다고 인지했다. 근대화·산업화 과정에서 요구되었던 노동자들의 과중한 노동이 만들어낸 피로는 자양강장제로서 회복될 수 있다는 신념과 문명이라는 프로파간다로 이용되기에 충분했다. 이에 따라 의사의 처방이 필요없는 일반의약품현재 의약외품이 발매되기 시작했고 비타민제제 '와카모토若本'와 아미노산제제 '폴리타민ポリタミン, Polytamin'이 당시 자양강장제의 대표적인 제품이었다. 개인의 신체에 대한 '건강 욕망'은 제국 일본 및 식민지 지역 모두 동일했기에 일본에서 생산된 와카모토와 폴리타민과 같은 자양강장제가 이름만 달리한 채 적극 유통되었다.

따라서 본 글에서는 태생적으로 허약체질이면서 부실한 식단에 근대 산업사회를 지탱하기 위한 노동력과 병사를 제공해야만 했던 일본인들의 신체와 건강이 근대의화학에 기반한 아미노산제제 폴리타민이 가정의학의 해피 드러그로서 어떻게 수용되는지를 알아본다. 국립중앙도서관 '대한민국 신문아카이브',[5] 도쿄대학교 종합박물관아카이브, 『아사히신문朝日新聞, 1879』 아카이브, 『요미우리신문読売新聞, 1874』 아카이브1925~1945년의 폴리타민 광고와 발매원판매대리점인 다케다제약회사의 『다케다200년사武田二百年史』 본편·자료편, 1983의 자료에서 폴리타민의 탄생 과정을 통해 자양강장제를 통해 의료화되어 가는 일본인의 신체와 건강담론 즉 일본인들의 무병장수라는 건강의 욕망이 시대적 요구였던 '건강한 국민' 만들기에 부응해가는 과정을 일간지 광고에서 어떻게 가시화되는지를 살펴본다.

허약한 신체와 해피 드러그의 등장

근대일본의 건강담론에서 가장 중요한 국민은 병력으로서 건강한 남자 성인과 제2의 국민 탄생을 책임지는 어머니로서 건강한 여자 성인이었다. 그중에서 당시 허약한 모체母體에서 태어난 젖먹이와 유아乳兒들이 단백질, 비타민, 칼슘과 같은 영양소 부족으로 인해 사망률이 높았기 때문에 모자母子의 영양상태가 더 중요하게 인식되었다.[6] 개인의 신체 조건은 산모의 유전적 요소, 아동 시기의 영양학적 조건, 성장과정의 전염병, 과도한 노동과 질병, 출산 이후에 나타나는 성인들의 체력 손실 증상이라는 환경적 요인으로 결정되었다. 이와 같이 '만들어진' 개인의 성별·연령에 따른 신체 능력의 차이는 국민건강담론의 이론적 근거로 작용했다. 이런 사실은 조선의 『서우』잡지, 제8호, 1907.7 '질병예방의 주의'에 조선인의 질병 원인이 구체적으로 기록[7]되어 있다는 점에서 근대의학의 전반적인 상황을 엿볼 수 있다. 조선의 일부 지식인들도 제2국민인 아동의 "건전한 사상과 향상向上의 기운도 모성의 건강과 직접적인 관계가 있다", 또 허약한 자손의 출생은 전 인류에게 죄악이 된다고 하면서 여성의 생산성을 국가적 차원의 도덕적, 윤리적 기준으로 가늠했다.[8] 특히 1930년대 신문광고에 여성 건강 보조제로 실린 중장탕中臟湯은 전시체제에서 인구는 국력과 직결된다는 사실을 극적으로 보여주었고 심하게는 여성이 결핵에 걸리면 시가에서 쫓겨나서 큰 흠이 되지만 남성이 결핵에 걸리면 사정이 다르다고 하면서 질병조차도 젠더적 편중성을 보여주었다.[9]

이와 같은 사회 분위기 속에서 일본에서는 허약한 체질 개선, 질병 예방과 개선을 위해 위생 및 보건환경의 시스템 정비와 교육이 활발하게 전개되었다. 교육의 범위는 건강한 식단, 위생적인 환경, 그리고 가정에서의 간단한 질병 치료 및 예방이었다. 균형잡힌 식단 개선은 쌀 주식과 함께 육류와 유제품을 같이 섭취하도록 하는 정부 관계자 및 계몽론자들의 교육과 홍보를 통해 진행되었다. 매 끼니의 음식 중 어떤 영양분이 부족할 때 질병에 걸리는지, 질병에 걸린 '신체'를 회복시킬 수 있는 영양소는 어떤 것들이 있는지에 대한 영양학적 지식들이 대중화되기 시작했다. 특히 서구에서 유입된 세균학과 영양학이 일본음식의 가치를 재평가하는 기준을 제시했고 이에 따라 일본 식단을 보충할 수 있는 새로운 식단과 요리법, 즉 일본인들에게 부족한 단백질과 지방 섭취를 늘리기 위해 서양과 중국 및 조선 요리법 식단이 등장했다. 일본인은 메이지 시기의 3대 양식洋食으로 불리는 카레라이스, 돈가스, 고로케를 개인교습50%, 요리점23%, 학교나 요리학교19.2%, 잡지7.7%를 통해 접하게 되었다.[10]

가정의 식단 개선 외에 '가정위생'과 '가정의학'이 대두했다. 가정위생 측면에서는 세균을 없애는 치약과 비누를 사용했고, 가정의학 측면에서는 허약체질 개선용의 자양강장제와 비타민류의 영양제를 먹는 것이었다. 이 약품들은 특정 질병에 대한 구체적인 치료보다도 증상이 개선되거나 사전에 예방이 될 것 같은 심리적으로 긍정적 결과를 기대하는 해피 드러그였다. 근대의화학이 발전하면서 신체와 영양, 질병 기전이 서서히 밝혀지면서 질병 예방 차원의 의학적 정보들이 넘쳐났고 이를 이용하여 전통적인 약종상에서 발전된 제약회사들은 전문의 처방이 필요없는 매약賣藥[11]을 발매하기 시작했다. 대신 의학박사들이 대학병원에서 환자를 통한 임상실험을 한 결과를 강조했고 그 내용은 일간지 약품 광고의 훌륭한 홍보문구로 사용되었다. 대중은 자신의 '몸'의 이상 증상과 해결책을 약품 광고를 통해 인지하고 그 해당 약품을 복용하여 개선하려는, 근대적인 신체의 '의료화' 과정에 자연스럽게 편입되었다. 건강한 국민은 개인을 포함한 가정에서 청결한 위생과, 균형 잡힌 식단, 그리고 질병의 예방을 포함한 가정위생과 가정의학의 실현에서부터 가능하다는 점을 시사했다.

제약회사들이 제조·판매한 약품에는 증상을 치료하는 이질, 신경쇠약, 충치, 각혈, 감기, 임독성 대하증과 자궁병, 매독, 간질, 그리고 전염병으로서 결핵과 폐렴 관련 약품이 있었고 원기회복, 허약체질 개선, 정력증강처럼 신체의 면역력을 강화시키는 자양강장제가 있었다. 자양강장의 사전적 의미는 '몸에 영양분을 공급하여 영양 불량이나 허약함을 다스리고 오장五臟의 기운을 튼튼하게 하는 것'이다. 영어로는 Nutrition & Revitalization영양과 재활성화이며 Revitalization에 포함되는 vital은 '건강하고 생기있고 연명의' 뜻이다. 결과적으로 자양강장제는 신체에 필요한 영양소를 집중 공급하여 신체의 면역 기능을 강화시켜 여러 질병들의 초기 증상이 완화될 수 있도록 하는 면역력 강화 체질 개선제이다. 따라서 의사의 직접적인 처방없이 복용해도 신체에 무리가 없을 만큼 안전성·유효성이 확보된 약품이다. 제약회사들은 신문광고 상단에는 '의학적 지식'을 제공하는 기사 형태의 간접 광고를, 하단에는 제품 이미지와 효과를 알리는 직접 광고 형태의 약품 홍보를 했다. 특히 의학박사가 설명하는 병리적 원인과 해결 방법으로 채워진 의학 기사는 하단의 약품광고의 객관적인 신뢰성과 플라시보 효과에 대한 기대를 높였다.

당시 일본인의 체격과 체력 유지에는 단백질 보충과 위장병의 개선이 절대적이었다. 체내에서만 합성되는 필수 아미노산은 육류와 우유, 달걀과 같은 고단백 음식 섭취로 보충될 수 있었지만 소화 장애로 인해 제대로 흡수될 수도 없는 상황이었다. 단백질이 부족한 부실한 식단은 신체적 면역력을 약화시켜 결핵에 걸리기 쉬운 환경을 만들었고 공장과 학교, 가정에서 발생한 결핵은 교차 감염되어 전체 인구의 신체적 열악함을 가중시켰다. 이와 같은 일본인의 식단과 신체조건, 결핵과 각기병 등을 고려하여 발매된 자양강장제는 폴리타민과 와카모토였고 이 매약은 일본 국민 보건에 큰 영향을 미쳤다. 폴리타민은 우유에서 추출한 단백질로 만들어 소화·흡수율을 높인 아미노산제제로 필수 아미노산을 적정량 공급하여 일본인의 결핵 예방과 증상 완화, 그리고 허약체질의 전반적 개선을 홍보했다. 의사의 처방이 없는 약품에 대한 신뢰성을 뒷받침하는 것은 환자의 임상실험이었고 이는 폴리타민을 구매하는 객관적인 데이터로서 수용될 수 있었다. 따라서 '의학박사의 실험보고서', '의학박사가 추천하고 인정하는 영양제'와 같은 광고 문구가 적극 선호되었다. 폴리타민의 임상사례 홍보는 자양강장제를 복용하면 무병장수한다는 인류의 보편적 욕망을 자극하는 강력한 기제가 되었고 이는 판매량 확대로 연결되었을 것이다. 반면, 일본 국민의 각기병과 관련된 와카모토는 단백질 소화도 제대로 할 수 없었던 일본인들의 위장병을 위해 소화기관용과 비타민제제로 1929년 발매되었다. 와카모토는 비타민B1 결핍으로 생기는 각기병에 구미에서 효모가 효과가 있다는 사실에 기반하여 생산된 비타민B1을 풍부하게 포함한 효모제제이다. 소화기가 약한 일본인에게 유산균 배양분이 장내 유해균을 억제하고 효모의 비타민B1을 비롯한 풍부한 영양소가 소화기능뿐 아니라 육체 피로를 개선하는 자양 강장의 역할도 했다. 이로써 폴리타민은 결핵 예방과 증상 개선, 와카모토는 소화 기능과 비타민 강화로써 국민 전반이 복용하는 가정의학에 최적화된 해피 드러그라는 상비 약품이 되었다.

일본인의 '근대적 신체'에 대한 열망과 국민 병

일본에서 '건강健康, Health'이라는 단어는 1790년대 유입된 네덜란드어의 번역어이다. 1830년대는 생리학 개념으로 건강의 상용례常用例가 증가했고 1850년대는 의학서적에서 지배적인 단어가 된다. 1860년 후쿠자와 유키치福沢諭吉가 쓴 『화영통어華英通語』에서는 가타카나로 '헤

르스ᐱᐯᐳ'라고 표기하고 그 옆에 '정신'이라고 번역했다. 이어서 1870년대에는 계몽 서적에서 사용하기 시작하면서 후쿠자와 유키치의『학문의 권장學問のすすめ』1876에도 등장했다. 1874년『서양양생훈西洋養生訓』에서는 건강이라는 단어에 '튼튼함, 건강함すこやか'라는 발음기호가 달렸으며 최종적으로 1890년대가 되서야 일반화되었다. 이처럼 건강은 인간의 의학적, 생리학적인 구조에 기초한 개념뿐 아니라, 역사적인 사건, 각 시대의 가치관, 유행과 밀접하게 관계를 갖는 개념으로 인식되었다.[12]

그러나 건강이라는 단어는 오히려 신체적 열등함으로 대표되는 외국을 경험한 이들의 회고懷古에서 일본인의 '뒤떨어진 신체와 체격'이라는 신체적 조건으로 평가되었다. 소설가 나쓰메 소세키夏目漱石, 1867~1916, 당시 158.8cm, 53.31kg는 영국 유학 시절, '런던 거리의 키 작은 남자가 바로 거울에 비친 자신의 모습이었다'고 일기에 기록했다. 또 세계 최초로 비타민B1을 발견한 농예화학자農藝化學者 스즈키 우메타로鈴木梅太郎, 1874~1943 박사[13]도 독일 유학 시절의 원시체험을 세계적 연구로 완성시키는 과정에서[14] 외국인과 자신의 신체를 실제 비교하면서 그 격차를 심하게 느꼈다고 말했다. 반면, 일본 국내에서는 1868년 실시된 징병제에 따른 신체검사에서 징병 대상자17, 8세부터 35세까지의 청장년들의 신체조건 외에 '장정壯丁의 체격'이 중요하다는 점을 강조했다. 1880년 징병규제徵兵規制에서는 '신체강간 근골장건身體强幹筋骨壯健'과 신장 151.5cm 이상을 조건으로 삼았다. 그러나 일본인은 키가 작고 체격도 빈약하여 현실적인 신체 조건은 훨씬 열악했다. 일본 최초 문부대

신 모리 아리노리森有礼, 1847~1889가 1879년 도쿄학사회원東京學士會院에서 "교육이 촉진시킬 분야는 지, 덕, 체인데 그중 일본인에게 가장 결여된 능력이 신체 능력이다. 열악한 신체를 만든 주요 원인은 토양, 기후, 음식, 주거, 의복, 문화, 종교와 같은 일곱 가지라고 지적했다.[15] 이를 바탕으로 모리는 아동에게 병식체조兵式體操를 강제하고 운동회를 개최하여 모든 학생들이 운동을 통해 서구인들에게 필적할 정도의 신체능력을 갖도록 신체를 개조하고자 했다. 일본인들의 '뒤떨어진 신체'에 대해 도쿄대학교 의학부東京大醫學部에서 생리학 강의를 한 독일인 의사 벨츠Erwin von Bälz, 1849~1913[16]도 1902년 제1회 일본의학회 총회日本醫學會總會 축사에서 "의사가 신체의 건강을 배우지 않고 질병만 배운 경험밖에 없을 경우, 튼튼하고 건강한 신체를 만들 수 없다"고 했다. 때문에 아동기의 신체를 단련하는 것과 그 일환으로 체육의 중요성을 강조했다. 계속해서 이토 히로부미伊藤博文, 1841~1909가 주장한 일본 왕실의 양장화 채용에도 적극 반대하기도 했다. "양장은 일본인 체격에 맞지 않는다. 서양과 대등해지는 것은 외부의 형식적인 면과 함께 내적 자격의 목적도 달성해야 한다"며 일본인의 체격을 "결점"으로 지적했다. 특히 1904년 1월 1일 일왕부부를 알현하는 자리에 양장을 입은 상궁을 보고 "복장이 아니라 가장假裝"이라고 언급할 정도였다.[17] 이와 같이 현실에서 인식된 일본인의 열악한 신체는 서양의학의 도입에 따른 해부학과 생리학 지식을 통해 '건강'과 '위생'이라는 건강담론으로 조금씩 극복·발전되어갔다.

일본 정부가 국민 건강에 신경을 쓰기 시작한 것은 1877년 콜

레라 유행을 계기로 전염병 통계를 체계화하기 시작하면서부터이
다. 여기에 1874년부터 1881년까지 위생국장을 역임한 나가요 센사
이長与専斎, 1838~1902가 큰 역할을 했다. 이어서 2차 오쿠마 내각大隈内閣,
1914.4.16~1916.10.9은 1916년 국가의 보건 위생시스템 구축을 위해 내무
성에 보건위생조사회를 설치했다. 그리고 전문의들은 보건위생조사회
에 참가하여 젖먹이와 어린이, 아동·청년의 건강, 결핵과 성병, 한센병,
정신장애의 예방, 의식주의 위생, 농촌 위생에 관한 조사를 했다. 그 이
후 데라우치 내각寺内内閣, 1916.10.9~1918.9.29은 노동, 보건, 방역, 의료, 체
육과 같은 사물을 통제·강화하여 위생 국책의 수행을 기하기 위해 내
각회의에서 위생성衛生省[18] 설치를 제창했다. 데라우치가 위생성 설치를
제창한 이유는 일본인의 체중 저하와 결핵, 근시안近視眼 증가로 징병
대상자인 청년의 체력이 '놀랄 정도로 악화'되었기 때문이다. 이에 따
라 국민의 체력을 근본적으로 강화하고 유전적 장해를 일소해야만 한
다고 주장한 데라우치 발언의 이면에는 우생사상에 근거한 민족우생
정책이라는 편견이 내재되어 있다[19]는 점을 무시할 수 없다. 조선에서
도 1895년 여름 콜레라호열자 발생을 계기로 보건의료 및 위생과 관련된
'검역규칙'1895.7.4, '호열자병 예방규칙'7.6, '호열자병 소독규칙'7.25, '종
두규칙'11.24이 제정되었다. 1894년 7월 30일 내무아문 아래 위생국을
설치하고 보건의료 및 우생 전반에 관련된 업무를 관장했다.[20]

　　제국 일본의 1920년대는 식산흥업의 산업화 시기로서 건강한 신
체를 가진 국민의 노동력이 필요했고 1930~40년대의 중일전쟁과 태
평양전쟁 시기에는 국민보국國民報國으로서 신체와 정신이 모두 건강

한 국민이 필요했다. 이 사실은 식민지 전역에서도 마찬가지였다. 일본 정부는 의료·보건·위생 관련 행정 시스템 구축과 함께 각종 위생전람회衛生展覽會를 개최하여 국민에게 위생과 보건과 관련된 의학상식의 대중적 교육을 제공했다. 1926년 개최된 쇼와일왕昭和天皇 탄생기념 어린이 박람회皇孫御誕生記念こども博覽會에서는 아동의 건강에 주목했다.[21] 위생·보건, 호르몬과 관련된 전람회는 1927년 5월 3일 개최된 '유아육아보건전람회'부터 1945년 11월 17일에 열린 '영양실조전람회榮養失調展覽會'까지 총 31회 개최되었으니 적어도 1년에 2회 정도 개최된 셈이다.[22] 1920년대부터 지속된 결핵과 각막염과 같은 전염병이 촉발시킨 사회 전반의 건강 문제는 1928년 쇼와일왕 즉위대전 기념사업으로 실시한 라디오체조의 출발점이 되기도 했다. 더 나아가 노동집약적인 산업화 속에서 노동자의 건강을 둘러싼 문제는 일본의 건강보험제도도 출발시켰다. 건강보험법이 성립된 기반은 제1차 세계대전 이후의 쌀 소동과 노동운동의 등장, 그것에 대한 사회정책이었다. 1922년 건강보험법이 제정되었지만 조직과 제도를 정비한 것은 1927년 1월이었고 그 이후 시행되었다. '쇼와昭和, 1926~1989'의 시작이 1926년 12월 25일이므로 건강보험제도는 실로 쇼와의 개막과 함께 시작된 셈이다. 조선인들도 1915년 시정5주년기념 조선물산공진회朝鮮物産共進會의 제2호관 위생관의 각종 모형 전시를 통해 건강 교육의 시각적 확인을 할 수 있었다고 한다. 그 이후로 조선의 신문과 잡지에도 세균에 관한 언설들이 기사화되고 일반 약품의 광고가 실렸다.

이와 같은 국가적 위생 체계는 근대 산업화의 경·중공업 시설의 집단 노동력에서 확산되는 결핵에도 큰 영향을 끼쳤다. 영국의 산업혁명에서 가시화된 과중한 노동력과 공장생활은 많은 사람들을 결핵환자로 만들었고 전 세계의 국가적 감염질병이 되었다. 영국을 모방하여 식산흥업을 제창했던 일본도 이 패턴에서 크게 벗어나지 않았다. 태생적으로 체구가 작고 허약했던 일본인이 과도한 노동과 기숙사와 같은 집합 거주지에서 확산되는 결핵에는 속수무책일 수밖에 없었다. 메이지 정부는 『오십년사五十年史』에서 1882년 내무성 위생국이 '폐병이 최근 증가세를 보이고 사망자가 해마다 적지 않다는 이유로 특별히 폐병 조사에 착수한다'고 기록했다. 당시 폐병으로 인한 사망자 수는 일부 도시, 즉 도쿄부東京府의 15개 구, 교토京都의 12개 구, 가나가와현神奈川県의 1개 구에서 조사하여 '도쿄부의 결핵 환자는 전체 사망자 총 33,381명의 약 7%인 2,355명을 차지했다. 특히 20대가 가장 많았다'는 사실은 앞에서 언급한 부실하게 태어난 아동이 적절한 영양 보충없이 그대로 성인으로 지속되고 있음을 보여주는 사례다. 이런 상황에서 메이지 정부는 1904년 폐결핵 예방 법령을 공포했고 1919년에는 결핵 예방법을 제정했다. 1906년 『통계일보』에 따르면 한국 거주 일본인들의 질병도 소화기병과 호흡기병이 가장 높았고 주요 사망 원인은 호흡기병 20~24%, 전염병14~23%, 소화기병16~19%, 신경계병14~18%, 발육영양병 14~15%이었듯이[23] 일본인에게 가장 대중적인 질병은 결핵이었다.

표 1에서 보듯이 일본 내 결핵으로 인한 사망률은 1899년 3위에서 1934년에는 1위가 되었다. 결핵으로 인한 사망자 비율이 인구 10만 명당 192.5명으로 전체 사망자의 10.7%를 차지했다. 사망률의 첫 번째 정

점이 1912년이었고 두 번째로 찾아온 시기는 1935년 이후였다. 그 중에서 결핵으로 인한 여성의 높은 사망률은 1890년대부터 메이지 말기 동안 방적공장 여자 노동자들의 열악한 노동 현장과 기숙사 내 결핵 감염자가 50만 명에 이를 정도로 높았다.

표 1 일본인 사망 원인 전국 조사(제1회, 1899년 실시)

	사인(死因)	사망률(인구 대비 10만 명당)
1위	폐렴 및 기관지염	206.1
2위	뇌혈관질환	170.5
3위	전결핵(全結核)	155.7
4위	위장염	149.7
5위	노화	127.2

반면 남성의 결핵 발병은 육군 징병령에 기초한 징병 검사에서 주로 발견되었으며 발병률은 1922년 정점 이후 하향곡선을 그렸고 1927년에 다시 정점을 찍었다. 이 시기 여성의 사망률은 횡보했다.[24] 여기에 국민의 건강상태 개선이 국력 증진 도모라는 측면에서 '간이보험제도'도 도입되었다.[25] 1937년에는 결핵예방법 개정과 결핵환자 신고제도, 그리고 '보건소법'이 제정되면서 국민 일반인을 대상으로 하는 국가의 건강지도 상담기관으로서 보건소가 설치되었다. 1940년 미성년자의 체력 향상과 결핵 예방을 목표로 한 '국민 체력법国民体力法'이 제정되어 만 17세 이상 만 19세 이하의 남자(1942년 이후에는 만 25세 이하의 남자)를 대상으로 매년 체력검사가 실시되었다. 체력검사는 결핵예방 대책의 기본인 투베르쿨린 반응과 X선의 단체 검진이 포함되었다.[26] 이와 같이 일본에서 콜레라, 장티푸스, 디프테리아처럼 의도치 않은 인구 감

소가 예상되는 감염병 치료와 예방을 위한 공중위생 시스템이 체계화되기 시작했다.

일본인의 결핵 전염병 외에 1920년대는 '체격體格', '체질體質', '체력體力'이라는 신체와 직접적인 관련이 있는 개념이 등장했다. 성별과 연령에 따라 요구되는 체력이나 체격, 체질은 다르지만 이는 신체를 구성하는 5대 영양소를 통해 언제든지 개선될 수 있으며 일본인에게는 혈액과 근육을 만드는 단백질이 중요하다는 근대의화학 언설도 등장했다. 이를 뒷받침하는 것이 신문에 실린 「영양, 단백」, 「영양의 지식」 칼럼이며 내용은 근대의화학 의학정보와 그와 관련된 폴리타민의 효능이었다. 「영양, 단백」에서는 필수 아미노산 중에서 혈액 생성의 카제인 성분인 트립토판tryptophan, 발육 필요 요소인 리신lysine, 신진대사 활성화와 체중 증가의 타이로신Tyrosine, 식욕억제 히스티딘, 생식세포의 아르기닌arginine 등, 일본인에게 꼭 필요한 영양소만을 선택적으로 추출하여 제조했기 때문에 그 효과가 상당하다는 점을 통해 폴리타민의 영양학적 존재를 부각시켰다. 「영양의 지식」 시리즈에서는 음식 섭취에 따른 단백질의 종류와 특성, 소화·흡수 시간과 순서가 다르며 필수 아미노산은 섭취하는 음식의 양이 아니라 동물의 종류에 따라 다르다는 예시로 일본과 중국의 달걀 크기를 비교하기도 했다.

근대일본의 매약 문화와 다케다제약회사

일본의 매약 판매상은 1590년 오다와라小田原의 약종상藥種商 마스다 유카益田友嘉가 에도江戸, 현재 도쿄에 약방을 열고 안약 오령향을 판매한 것이 최초이다. 그 이후로 혼마치本町 일대가 약종 도매상으로 자리를 잡았고 17세기 중엽에는 오사카大阪의 도쇼마치道修町가 약품 생산과 취급의 중심지로 부상했다. 1824년 발행된『상인매물독안내商人賣物獨案內』는 오사카에서 매약을 취급하는 17곳의 도매상을 포함하여 178개의 약국을 소개하고 있다. 당시 일본의 약종상은 가문 대대로 내려오는 비법을 매약으로 만든 제조원이었고 매약 판매는 다른 곳에서 하는, 이중적 약종 문화를 가지고 있었다. 그러나 병원과 약국이 분리되면서 근대일본에서 제약회사가 의약외품을 판매하게 되었다.

초기 제약회사들은 에도 시대의 전통적인 약종상 가문을 전승한 경우가 많았고 의사를 겸하기도 했다. 1874년 제정된 의제醫制에서는 의사가 약을 판매할 수 없다는 조항을 포함시켜 처음으로 의사의 역할을 명확하게 제시했고 1876년에는 제약면허수속製藥免許手續이라는 매약 기준 규칙을 반포하였다. 구체적으로 제약 허가를 받은 자는 관허官許 표시를 하고 상표에 약품명, 제조원의 주소와 이름을 적어야 하는 판매 규정이 신설되었다. 1870~1880년대에는 약품 전반에 관한 법적 규제도 마련되었다. 1889년 '약품 영업 및 약품 취급 규칙'이 제정되면서 필수 기재사항의 형식을 규정하였다. 약품명은 한자나 가나로 기재하고, 외국어 병기, 제조자의 주소와 이름, 수입 약의 경우는 취급점과 수

입자 이름을 표기해야만 했다.[27] 당시 매약 제품은 약품명 뒤에 '-약藥'과 '-제劑'와 같은 접미사를 사용했다. 일본『국립국어연구소國立國語硏究所』근대어 코퍼스를 이용한 메이지 시기 이후대략 1870~1920년대의 '-약'과 '-제'의 사용 경향 조사에서는 '-약'보다 '-제'를 사용한 약품이 더 많았다고 한다.[28] 게다가 당시의 약품 광고는 신문, 잡지, 점포의 가두 광고에서만 가능했기 때문에 약 광고에 효능과 복용법, 제조원, 판매원과 같은 정보를 자세하게 설명해야 하는 것이 보편적이었다. 조선에서도 대한제국 정부로부터 자격을 인정받은 의사와 약제사, 약종상의 규모는 1910년 판『조선총독부 통계연보』에는 1910년 12월 말 조선인 의사는 1,344명, 조선인 약제사는 44명, 약종상은 2,551명이라고 기록되어 있다.[29]

1920년대 들어 매약의 제조와 판매가 활발해지면서 발매된 폴리타민도 개발·제조원과 발매원인 판매회사가 달랐기 때문에 매약 광고 규정에 따라 제조원은 다이고영양화학大五栄養化学 이하, 다이고, 발매원 다케다제약회사武田製薬會社 이하, 다케다[30]로 표기했다. 폴리타민의 제품화는 1919년 기후현 나카즈초岐阜県中津町에서 약국을 경영하던 사카이 데쓰시로酒井哲四郎, 다이고의 초대 사장 사카이 고헤이酒井公平의 아버지가 친한 교토대학京都大学 약물학 교실의 모리시마 구라다森島庫太[31] 교수와 함께 단백이 풍부한 누에 번데기를 영양제로서 활용할 것을 논의하면서 시작되었다. 모리시마 교수는 의화학교실의 와다 사키사부로和田咲三郎에게 연구를 시키고 사카이 고헤이도 공동연구를 진행했다. 이 연구는 와다의 친구 모리모토 간사부로森元寛三郎, 현 다케다약품공업주식회사 상담역에게로 그리

고 야나기자와 호타로柳沢保太郎, 당시 다케다초헤이상점 신약부장에게 알려지게
되었다. 이들은 연구를 진행했던 와다와 의학사 모리시마 교수의 양해
를 얻어, 종합아미노산제제 폴리타민 생산의 기업화를 논의했다. 1921
년 8월 25일, 사카이 고헤이, 다케다 요시조武田義藏,[32] 마나카 아미히코
間中網彦, 야나기사와 야스타로, 이마이 요시今井ヨシ 5명이 출자한 자본
금 5만 엔으로 다이고제약합자회사大五製藥合資會社가 설립되었다.[33] 회사
명 다이고는 오사카에 거주하는 동지 5명이라는 의미로 당시 유행한
'빅5'라는 단어와 연관지어 붙인 것이라고 한다.[34] 공장은 오사카부 니
시나리군 초부네무라 오와다大阪府西成郡千船村大和田, 현 오사카시 서정천구 대화
전 2,600m²의 부지에 마련되었고 초기 직원은 17명이었다. 당시 아미노
산의 제제화가 획기적이기는 했지만 생산 과정의 어려움을 극복하고
1921년 8월 폴리타민이라는 종합영양제로 탄생되었다. 폴리타민은 제
품명을 'ポリタミンPolytamin'으로 가타가나와 영어로 표기했고 홍보 문
구에만 '아미노산제제, 종합영양제'처럼 '-제'를 사용했다. 폴리타민은
발매 초기에는 액상이었고 1930년 대 이후, 알약정제,錠劑으로 바뀌었다.
1930년대에 강조한 허약한 아동의 체질 개선을 위한 광고에 맞게 초콜
릿 맛을 추가하고 여름에는 냉수나 탄산수로 희석하여 복용하면 맛있
다는 콘셉트를 강조했다. 1949년에는 일본 최초의 아미노산의 주사화
注射化에 성공했다. 다이고는 회사명이 몇 차례 변경되었음에도 불구하
고 창업 이후 일관되게 아미노산제제의 개척자로서 계속 노력하며 임
상의사 영역을 발전시켜왔다.[35]

반면, 폴리타민의 발매원 다케다는 오사카시 추오구大阪市中央区에

본사를 둔 의약품 제조사이다. 1781년에 초대 오미야 초베近工屋長兵衞가 막부 면허를 취득한 이후 일본 약과 중국 약和漢藥을 판매하기 위해서 오미야近工屋를 창업했다. 1871년 4대 오미야 초베가 호적법 제정에 따라 성씨를 오미야에서 다케다로 변경했다. 1918년 오사카 본점에 신약부를 설립하고 신약·신제제의 연구·생산 시스템을 갖추었고 뛰어난 성능과 효과를 가지고 있는 타사 제품과 수입 약품도 병행 판매했다. 그중 1920년대 중반부터 1940년대까지 폴리타민의 총판매 대리점으로서 활동하면서 엄청난 광고 물량을 쏟아냈다. 1925년 5대 다케다초베武田長兵衞가 '주식회사 다케다초베상점武田長兵衞商店'으로 법인화한 뒤, 1943년 현재의 '다케다약품공업주식회사'로 상호 변경했다. 그 과정에서 다케다의 로고가 네 차례 변경되었다. 1898년에 사용한 생선 비늘 이미지의 로고는 1934년 이후부터 신문의 광고 내용을 강조하거나, 문단 시작 일부분에 사용되기도 했다.

1781년	1898년	1909년	1961년
오사카를 둘러싼 산	생선 비늘의 삼각형	백로	최초 로고 변형+영어

그림 1 다케다제약회사 회사 로고 변천사[36]

다케다가 진행한 폴리타민 광고는 광고성 기사, 제품 광고, 건강 관련 책자 무료 증정 등이 일반적이었고 특별 기획으로 유명 여배우를 모델로 한 포스터와 폴리타민 선전영화 시나리오를 현상 모집하는 타이업 광고를 진행하기도 했다.[37] 그럼에도 불구하고 『다케다 200년사』의 제품 역사의 라인업에서 폴리타민을 찾기는 쉽지 않다. 당시 제약회사들은 근대의학을 기반으로 한 연구와 제조·발매를 강조했던 시기였다. 따라서 총판매 대리점 역할을 했던 다케다 입장에서는 폴리타민이 자사가 직접 연구·제조·판매한 제품이 아니었기 때문에 다케다의 역사적인 대표 제품군에 포함시키지 않았던 것으로 여겨진다.

신문광고와 폴리타민의 파워

20세기 들어 신문에 이미지와 문자가 같이 실리면서 정보의 신뢰성과 객관성이 높아지자 신문사 수와 구독자가 증가했다. 메이지 후기부터 여공女工을 중심을 한 직공 계층이 증가했기에 신문사들은 이들을 독자층으로 끌어들이기 위해 대형 공장에 무료 신문을 제공하기도 했다. 글자를 읽을 수만 있다면 일반 대중이 신문을 볼 수 있는 곳은 많았고 이를 달리 표현하면 신문광고가 대중적이며 보편적인 정보원이었다는 의미이다. 1920년에는 현재의 인구센서스인 국세조사國勢調査와 함께 사회조사社會調査의 일환으로 신문 독자층 조사도 실시되었는데 주독자층은 신문사 별로 지식층부터 상공업자, 학생, 공장의 직공들노동자포함, 군인, 가정 내 주부까지 차이를 보이면서 다양했다. 대표적으로 『아사히신문』은 오사카에서 발행하는 『오사카아사히신문』이라는 본

거지가 있었기 때문에 간사이関西지방의 경제관련 뉴스를 신속하게 보도할 수 있었고 이런 상황은 간토関東지방의 상공업자에게도 환영받았다.[38] 반면, 『요미우리신문』의 구독자 층은 학생, 상공업자 층이 두터웠다. 일본 전국 청년단이 조사한 1930년도의 구독신문 제1 순위는 『오사카마이니치』, 2위 『오사카아사히』, 3위 『도쿄아사히』, 8위가 『요미우리신문』이었다. 1932년의 오사카 거주 조선인 노동자의 구독신문 비율도 상위는 『오사카마이니치신문』44.1%, 『오사카아사히신문』44.0%으로 다른 구독자와 유사했다. 그 뒤가 『동아일보』1.7%, 경성발행, 『오사카시지신보』1.6%, 『기타』8.6% 순이었지만 조선인 구독률은 전체 신문 구독자의 1%를 넘지 않았다.[39]

신문 구독자 층은 지역과 계층에 따라 다르지만, 1920년~1945년까지 발행된 일간지의 폴리타민의 광고 기획을 파악하기 위해 『요미우리신문』373과 『아사히신문』270[40]의 광고 게재 편수를 비교해보았다. 그 과정에서 신문사별 광고 내용과 이미지, 컨셉 분석은 제외했고 조선과 대만의 신문들도 전체상을 파악하는 수준까지만 검토하였다. 당시 신문사의 수익을 올려주는 3대 광고는 출판, 매약, 화장품 업종이었고 이 광고주의 발언권이 강해지자 각 신문사는 자사 신문의 광고 가치의 우수성을 인식시키기 위해 신문의 발행 부수를 발표하는 등, 광고 수입에 적극적이었다. 그러자 출판과 매약의 광고주들은 광고 물량대량과 광고 시간장시간이라는 조건으로 일반 광고료의 20%를 할인받아 저렴하게 광고를 진행했지만 1920년대 이후 신문사가 증가하면서 할인율이 10%로 축소되었다.[41]

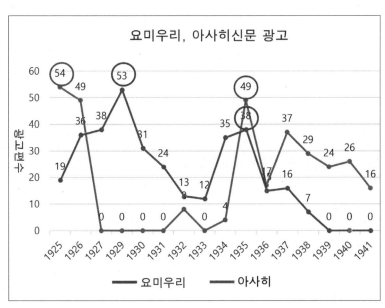

그림 2 요미우리 · 아사히신문 폴리타민 광고 편수 비교

　그림 2에서 보듯이 『요미우리신문』과 『아사히신문』 광고 편수의
흐름은 20여 년 동안 동반 상승·하락하는 경우와 서로 상반되는 경우
의 두 가지 패턴을 보였다. 첫째, 『요미우리신문』은 폴리타민 광고를
『아사히신문』보다 2년 빠른 1939년 종료한 것을 제외하고 광고를 싣
지 않은 시기는 없었다. 반면, 『아사히신문』은 『요미우리신문』보다 2년
여 더 늦은 1941년에 종료했지만 1927년부터 1931년까지 4년 동안과
1933년 1년간 폴리타민 광고를 싣지 않은 시기가 있었다. 둘째, 동방 상
승과 하락 패턴을 보면 1934년부터 1935년까지 동반 상승, 1935년부터
1936년까지, 1937년부터 1939년까지 동반 하락했다. 그중 1935년은 두
신문사의 폴리타민 광고 편수가 상승하여 최정점에 도달한 이후로 하

락세로 접어드는 유일한 시기였다. 그 이외의 시기는 서로 상반된 흐름을 보였다. 『아사히신문』은 1927년부터 1931년까지의 4년간의 공백과 1933년의 무 광고로 인해 전반적으로 광고 편수의 등락이 심하면서 'W'형태를 보인 반면, 『요미우리신문』은 1929년 최정점 이후 하락했다가 다시 상승하는 전형적인 'M'자 형태를 보였다. 결론적으로 두 신문은 지역별 발행 부수와 독자층을 고려하여 광고를 기획했다고 볼 수 있으며 동경대박물관아카이브에 있는 총 46편의 다양한 일간지 중 약 40%에 해당하는 20편이 전면 광고였다는 점에서 당시 다케다사의 적극적인 행보를 파악할 수 있다.

폴리타민의 광고주 다케다는 1925년부터 본격적인 신문광고를 시작했다. 『요미우리신문』에 실린 첫 광고는 1925년 4월 25일 자 "'전매특허', 액상, 250cc 2엔 50전"이라는 1단 텍스트 광고였다. 세부 내용은 폐결핵 초기 증상의 완화와 결핵 감염 예방 차원에서의 강건한 체질 개선이었다. 사실 폴리타민 자체가 결핵 치료제는 아니다. 결핵에 걸리기 쉬운 체질의 소유자의 면역력을 강화시켜 결핵 전염의 예방 수준과 결핵 초기 증상의 치료 보조제로 먹으면 왠지 건강해질 것 같은 플라시보 효과를 나타내는 해피 드러그의 전형이었다. 그럼에도 불구하고 '우유 단백으로 만들어낸 아미노산 단백의 소화 능력이 뛰어난 자양강장제'라는 의학적·과학적 지식을 제공하기 위해 많은 지면을 할애하였다. 폴리타민과 달리 와카모토는 설립 초기에 자사 제품을 홍보하는 방법으로서 '영양과 육아의 모임榮養と育兒に숲'이라는 특별한 회사명을 사용했다. 이는 근대적인 신체와 건강은 허약한 체질의 유전적 요소와 성

장과정의 부실한 영양의 문제와 직결된다는 사실을 비유적으로 표현한 것이다.

폴리타민의 광고 유형은 초기에는 1단 텍스트 광고였다. 이미지가 없는 제품 설명과 효과를 강조하기 위해 다양한 서체를 활용했다. 1920년대 후반과 1930년대 중반에는 제품 설명에 사람, 약병, 독특한 서체, 일러스트 이미지가 복합적으로 도안된 광고가 많아졌다. 정보와 이미지를 추가시키기 위해 다단형과 전면 광고 형태로 바뀌었지만 동일한 도안이 반복되는 경우는 드물었다. 설명형보다 일러스트, 사진, 도표가 실린 도안이 제품 인지도에 효과적이었기에 다케다는 다양한 광고 카피와 디자인을 시도했다. 폴리타민의 홍보 키워드는 "우유 단백의 아미노산제제 종합영양제", "빈혈, 쇠약, 허약, 병후·산후의 회복, 정력 감퇴 회복에 자양 강장제", "폐결핵선첨 카타르, 腺病疾[42] 만성호흡기, 늑막염, 신경쇠약의 치료 보조제", "허약한 아동의 건강 신장", 1940년 이후에는 "수험생을 위한"으로까지 확장되면서 해피 드러그의 전반적인 시대사를 보여주었다. 그러나 "세계에서 유일한 아미노산제제", 근대의학이 자랑하는 "의사 실험보고서 증정"과 같은 의학박사의 임상 실험과 의학적 의견은 폴리타민이 플라시보 효과라는 심리적 요인에만 한정할 수 없다는 차별성을 제시하기도 했다.

폴리타민 광고는 일본뿐 아니라 식민지에서도 활발하게 전개되었다. 광고 디자인에서도 대만의 『대만니치니치신보』과 조선의 『경성일보』는 일본과 거의 동일한 콘셉트를 보여주지만 『조선일보』는 문답 형식을 취해 전혀 다르다. 일본에서 강조했던 '자양강장' 문구는 『대만니

『아사히신문』, 1925.6.16

『대만니치니치신보』, 1939.5.27

『경성일보』, 1939.3.8

『조선일보』, 1934.5.5

그림 3 일본, 조선, 대만의 광고

치니치신문』과『경성일보』에서는 '요양 환자에게 폴리타민'으로로서 치료제임을 강조했고,『조선일보』에서는 '가정의학 – 좋은 강장'으로 대체하여 가정의학을 강조했다.『대만니치니치신보』과『경성일보』자체가 대만총독부와 조선총독부 기관지라는 특성을 고려한다면 광고 디자인과 홍보 문구의 유사성은 충분히 이해할 만하다. 일본과 식민지 전역에 자양강장제 폴리타민이 적극 홍보되었던 것은 제국 일본의 신민으로서의 당위성을 확인하는 방법이기도 했지만, 조선에서는 다른 자양강장제가 판매된 점도 인종에 따른 신체 조건을 통한 약품의 지역화 과정을 보여주는 사례이다.[43]

다음은『요미우리신문』에 실린 폴리타민의 광고 콘셉트이다.

첫째, 신체와 관련된 영양학을 둘러싼 건강담론이다. 폴리타민은 영양학계의 최신 학설에 합치되는 일본인이 반드시 섭취해야 할 필수 아미노산제제이므로 다른 자양강장제와 성분부터 다르다. 폴리타민 1회 복용량 5~10g의 소량으로도 신체에 반드시 필요한 아미노산을 섭취할 수 있고 섭취한 아미노산이 장기에서 어떻게 소화되고 흡수되는지 일목요연한 삽화를 보여주면서 이해를 도왔다(그림 4). 빨리 흡수된 아미노산은 신진대사를 높이고 혈액을 직접 만드는 조혈작용을 함으로써 보혈·강장효과가 확실하다고 강조했다. 또 아미노산은 식욕촉진작용도 있어서 상시 복용하게 되면 체중이 증가하여 일본인의 체격 변화에 상당한 영향을 줄 수 있다고도 설명했다.

이와 같은 폴리타민 관련 내용은 의학박사들이 실시한 임상결과에 적용되어『폐결핵 양생법』,『결핵과 영양』,『영양의 지식』,『건강과

단백질』, 『부인과 영양』, 『허약한 자녀를 둔 부모들에게』와 같은 제목
의 간단한 책자 및 임상사례를 엮은 단평집短評集으로 발행되었다. 이는
의사의 임상실험 결과물을 간단한 홍보용 책자로 배포하여 개인이 질
병 예방과 건강 유지와 같은 '근대적인 건강'을 획득할 수 있다는 자신
감을 갖게 만드는 또 다른 형태의 홍보 방법이었다.[44]

『요미우리』, 1931.1.25 · 1931.2.22

『요미우리』, 1937.2.12

그림 4 폴리타민의 소화 기능 도상

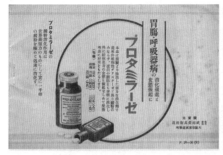 

그림 5 의학박사의 폴리타민 단평집

둘째, 의학박사의 폴리타민 임상 사례이다. 폴리타민은 새로운 형태의 약품이었기에 근대 의학의 실천자인 의학박사들이 병원에서 폴리타민의 효용을 입증하는 임상 실험을 실시했고 이를 이용한 1927년 6월 26일 자 광고에 "50명의 의학박사 추천 보고"가 등장했다. 폴리타민의 임상 사례를 보고하는 의사는 시간이 경과되면서 점점 증가하지만 **표 2**에서 보듯이 며칠 사이로 의사 수가 역전되거나, 동일한 날짜의 다른 신문 광고에서는 의사 수가 다르게 표기가 되는 경우도 있었다. 이것은 광고 도안 시, 그 전 수치를 그대로 사용한 미미한 오기誤記로 여겨진다. 그러나 전체적인 흐름상으로는 점점 확대되어가는 추세를 보여주고 있다.

광고에 사용된 폴리타민의 임상의견을 제시한 의학박사는 초기에는 전문과專門科를 구별하지 않았다. 그러나 임상결과에 대한 대중적 신뢰가 높아지자 폴리타민의 임상적용 분야도 내과, 산부인과, 소아과, 외과 및 관공사립병원의 전문과로 확대되었다. 신문 1면 전면광고를 두 번이나 게재한 『대만니치니치신보』1928.6.17에서는 "폴리타민에 대한 의료

표 2 임상에서 사용한 폴리타민 사례를 추천한 의학박사 수

날짜	인원	날짜	인원
1928.4.18	70	1929.12.13	260
1928.4.19	71	1930.3.30 / 4.10 · 25 · 30 / 5.15 / 6.16 · 30	300
1928.4.20	70	1930.7.24	320
1928.4.25	71	1930.8.7	330
1928.5.25 · 5.28	70	1930.8.14 · 27	340
1928.7.23	100	1930.8.30	320
1928.7.28 / 8.3 · 9 / 9.10 · 11 · 13 · 27 / 10.8	110	1930.9.4 / 10.20 · 25 / 11.8 · 11	340
1928.10.18 · 24 · 27 / 11.19	120	1930.11.23 · 28	360
1928.11.27	130	1930.12.6 · 13 · 15 1931.1.12	370
1928.11.28	120	1931.2.9 · 19 / 3.17	390
1928.12.16 · 19 · 23 1929.1.16 · 20 · 24 · 29 · 30 / 2.19 · 20 · 27	130	1931.3.23	370
1929.4.12 · 19 · 30 / 5.8 · 11 · 18 · 21	160	1931.3.28 · 30	390
1929.6.10 · 11 · 14 · 17 · 19 · 24	170	1931.6.12 · 23	410
1929.7.9 · 15	180	1932.10.12 · 22	420
1929.8.13 · 14 / 9.13	190	1932.11.11 · 29 / 12.26	430
1929.9.23	200	1932.10.12 · 17 · 22	435
1929.9.27	300	1932.11.18	430
1929.10.22	210	1933.3.21 / 4.10 · 24 / 5.14 · 29 / 6.17 / 9.18	440
1929.10.25 / 11.9 · 11 · 14 · 23 · 25 · 28	200		

한국인, 근대적 건강을 상상하다

『요미우리』, 1931.6.23·7.4　　　　『요미우리』, 1933.3.21

그림 6 의학박사의 추천과 의학정보

계 대가의 추천 일반_빈혈·쇠약(6명), 폐결핵(6명), 허약한 아동(3명), 산전·산후(4명)"처럼 의사들이 자신들의 전공과에 따른 폴리타민의 임상 의견을 피력했다. 또 폴리타민 홍보에는 의사라는 단어보다는 의학박사를 더 적극적으로 사용했다. 당시 일본에서 의학박사들은 교토제국대학교 의과대학京都帝國大學醫科大學이 생기기 전까지 20년 이상 졸업생을 배출한 도쿄대학교 의학부 출신들이었다. 도쿄대학교 의학부 졸업생들은 일반 교원의 초임이 5엔이었던 당시 각 부현府縣의 공립병원 겸 의학교의 병원장·의학교장(월급 150엔)이라는 파격적인 조건으로 초빙되었다. 도쿄대학교 의학부 출신들은 대학교, 군대, 부현립병원의 세 분야에서 일본 의학계에 영향을 미친 사람들[45]이었기 때문에 의학박사 추천이라는 키워드는 일본 전체에서 가장 뛰어난 의학적 수준을 대표하는 것으로서 의학박사가 추천한 제품의 신뢰성을 높이는 가장 강력한 홍보 원이었다고 여겨진다. 이 시기부터 단정한 헤어스타일과 안경, 흰 가운을 입은 전형적인 의사 이미지가 고착화되었다는 것을 알 수 있다.

여기에 폴리타민의 전반적인 효능과 관련하여 "의화학", "신 영양학", "현대 과학의 진보", "임상실험", "혈액 조생", "세포 자극", "공·사립대학병원 처방과 전국 유명한 의사 추천", "의료보험 적용"과 같은 현란한 표현도 자연스럽게 사용했다. 약학계의 거두인 독일의 토마스 박사는 폴리타민의 진가를 독일 학술지Apotheker-Zeitung에 다음과 같이 보고했다. "아미노산의 영양가치가 큰 것은 누구나 인정하는 바로서 이론異論의 여지가 없다. 유럽과 미국에서도 이 점에 착안하여 아미노산제제 자양강장제 제조를 수차례 기획했지만 모두 실패로 끝났다. 반면, 일본에서는 향과 맛이 좋고 게다가 중요한 아미노산을 풍부하게 함유한 폴리타민을 세계 최초로 제조하는 데 성공했다"라고 언급했다1933.2.9.

셋째, 폴리타민 효능이 결핵의 치료 보조제 겸 영양제로 확장되었다. 폴리타민 효능은 제품 발매 초기에는 근본적으로 허약체질인 일본인들에게 만연한 제병쇠약의 자양강장 효능이 중심이었다. 경제발전과 공장법 제정, 결핵 요양소 건립 등으로 다이쇼 중기부터 조금씩

결핵 아동의 임간학교, 『요미우리신문』, 1935.11.5

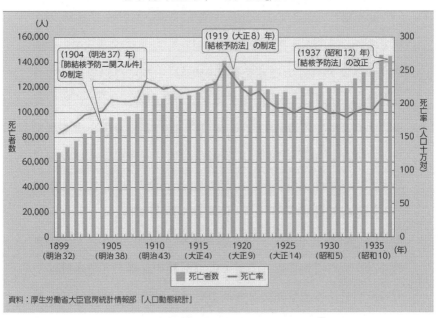

결핵 사망자수와 사망률(인구 10만 명당)의 추이(1899~1937)[48]

그림 7 1931년 전국의 결핵 아동 숫자

감소세 보이고 있던 결핵 사망률이 1931년 만주사변 발발, 전시체제의 진전과 함께 다시 증가세로 돌아서자 폴리타민은 결핵의 치료 보조제와 영양 보충제로까지 적용 사례가 확대되었다. 결핵균 발견자인 독일 괴팅겐의학대학의 하인리히 헤르만 로베르트 코흐Heinrichi Hermann Robert Koch, 1843~1910 박사도 폴리타민을 폐결핵의 치료 보조 영양제로서 적극 추천하였다.

전시체제의 진전에 따라 더욱 증가세를 보이던 결핵으로 인한 높아진 남성 사망률 못지않게 1930년대 초기 아동들의 건강 상태도 상당히 열악해졌다. 구체적으로 1930년대 "일본 전국에서 결핵성 아동이 50~60만 명"으로, 전국 소학교에서 결핵 증상을 보이는 학생 중 폐결핵이 진행되고 있는 비율이 3~4%, 폐첨단이 3~10%, 늑막염이 1~9%, 오래된 치료 흔적이 있는 경우는 15~50%였다. 따라서 예방 차원에서 폐결핵이나 초기 결핵 증상, 아동의 폐첨카타르肺尖カタル'와 같은 결핵 병증에 대응하는 제품군으로 '구아야콜[46] 폴리타민' 제품이 별도 출시되었다. 문부성현 문부과학성에서도 결핵 증상이 미약한 아동에 대한 대책으로 상설 임간학교林間學校[47]나 특별학급을 서둘러 설치하는 등, 여러 가지 사항을 고려했다임간학교 오니시 에이지(로大西永次郎) 교수.

구아야콜 폴리타민은 주로 폐결핵, 폐첨 카타르肺尖カタル, 늑막염 환자들의 보조 치료제 및고 만성 호흡기 질환 치료에 사용하기 위해 구아야콜 화합물을 배합하고 복용의 간편성을 위해 맛을 추가하기도 했다. 당시 통계에 따르면 폐결핵 환자의 약 65%는 위장장애, 식욕부진을 동반하고 질환에 따른 독소로 인해 만성설사를 일으키는 경우도 적

『요미우리』, 1930.7.14

『요미우리』, 1935.4.29

그림 8 결핵 치료 보조제 구아야콜 폴리타민, 결핵예방주간(전면 광고)

지 않았다. 특히 초기 폐결핵이 전구증상으로 때때로 위장장애를 나타
내는 것은 잘 알려진 바이다. 따라서 환자가 아무리 고단백질을 섭취해
도 위장장애가 있는 경우에는 제대로 소화시키지 못하고 에너지를 소
비하므로 자연 치유력을 왕성하게 만드는 '구아야콜 폴리타민'의 복용
을 강조했다. 1929년 6월 '폐결핵의 유력한 치료 보조제로서 이 약품을
복용하면 가래와 미열을 멈추어 폐결핵의 자연치유력을 높인다는 설
명을 추가하여 효능을 확장시켰다.

넷째, 미국 프로야구선수 오돌Francis Joseph "Lefty" O'Doul, 1897~1969[48]
을 모델로 내세운 폴리타민의 국제적인 인지도이다. 일본인의 허약한
체질 개선과 1930년대 만연했던 결핵 전염의 치료 보조제의 효과를 적
극적으로 홍보하기 위해 일본을 방문한 미국 유명 스포츠 선수를 광고
모델로 선정했다. 오돌이 모델로 등장하는 광고는 총 4편이었다. 광고
콘셉트는 첫째, 건강한 스포츠 선수 이미지를 강조하기 위해 야구유니
폼을 입은 오돌이 야구 배트를 든 자세를 취했다. 둘째, 오돌 본인이 직
접 복용한 효과를 영어로 쓴 것과 이를 일본어로 번역한 것 모두 실었
다. 셋째, 미국 국기와 함께 실린 폴리타민 제품 이미지는 당시 일본에
유행하던 미국식 스포츠의 대중성을 보여주었고 이를 계승하듯이 오
돌처럼 야구유니폼을 입은 남자아이로 대체되었다. 다음은 당시 신문
광고에 실린 오돌의 폴리타민 복용 후기이다.

세계 최강 야구팀 미국선수 오돌 씨 의견 1(1931.11.29 / 12.26)

나는 일본에 온 이후로 폴리타민을 애용하고 있는데 피로를 예방하

『요미우리』, 1932.4.13

『요미우리』, 1931.11.29 · 12.26

그림 9 미국 프로야구선수 오돌의 폴리타민 추천사

는 데 놀랄 만한 효과가 있다. 기력(기운)이 커져서 건강한 느낌이 넘쳐
흐른다. 나는 이 영양제를 발견하고 제공한 과학자에게 경의를 표한다.
폴리타민액의 장점은 향미가 좋고 대중용이라는 점에 있다. 운동선수
들뿐만 아니라 일반에게 널리 이 제품을 애용하시길 적극 권장한다.

세계 최강 야구팀 미국선수 오돌 씨 의견 2(1931.11.16 / 1932.4.13)

폴리타민은 피로를 막는 데 놀랄 만한 효과가 있다. 원기를 증가시켜
건강함을 느끼게 한다. 나는 이 영양제를 발견하고 제공해준 과학자에
게 경의를 표하고 싶다. 본 제제의 특징은 향기와 맛이 좋아 대중용이라
는 점이다. 운동선수뿐 아니라 일반에게 널리 이 제제의 애용을 적극적
으로 장려한다.

다섯째, 광고 모델의 변화이다. 모델은 남성 – 여성 – 아동(수험생 포함) – 가족으로 점진적으로 변화되면서 폴리타민이 일반 가정의 모든 이들에게 필요한 영양제라는 사실을 강조했다. 초기 광고에는 운동을 하는 건강한 남성을 등장시키고 건강함의 정의를 남성의 '정력 감퇴. 심신 쇠약에 효과가 있는 보혈강장제', '정력건강'으로 특정했다. 상의를 탈의하거나 스포츠 웨어 정도만 입은 남성의 상체는 근육이 자연스럽게 노출되어 강인, 건강, 정력의 아이콘으로 묘사되었다. 특히 상완上腕 및 상체의 근육을 강조하기 위해 투포환 자세를 비롯한 다양한 포즈를 취했다. 이러한 광고 콘셉트는 와카모토사도 비슷했다. 당시 와카모토사의 상징이 투포한 던지는 남자의 실루엣으로 건강한 남성 이미지를 대표했듯이 당시 자양강장제가 보여준 남성이라는 젠더적 표상 성은 스포츠와의 관련성을 강조했던 것으로 여겨진다. 소화 장애와 효모를 이용한 각기병 자양강장제 와카모토는 회사명과 로고를 투포환 던지는 늠름한 장면에서 차용했다. 초기 회사명인 '영양과 육아의 모임'은 영유아와 엄마들을 위한 비영리조직처럼 보였을지도 모른다. 이에 설립자가 서양 영화 속에 등장한 포환 던지는 남성 장면을 선택하고 이에 맞는 이름으로 '젊음의 원천'이라는 와카모토로 정했다고 한다.

반면, 여성 이미지는 1934년 중반기부터 증가한다. 여성은 임신과 출산을 통해 호르몬 변화와 함께 빈혈을 경험한다. 출산 시에 발생하는 출혈과 호르몬 때문에 생기는 신체 변화는 당연한 것으로 인식했던 여성들에게 폴리타민에 함유된 아미노산이 혈액을 만드는 데 도움을 준다는 의학 정보는 희소식이었다. 폴리타민 복용으로 인해 색소를

『요미우리』, 1929.5.8

『요미우리』, 1932.10.12

『세이부마이니치』, 1928.6.21

그림 10 스포츠를 하는 강인한 체격의 남성

만드는 트립토판과 여성미와 관련 있는 호르몬이 보충되고 이는 결과적으로 모유 분비를 증가시키고 윤기있는 아름다운 피부를 만들 수 있어 여성의 외모에도 직접적인 영향을 미쳤기 때문이다. 보혈이 됨으로써 빈혈이 개선되고 피부도 윤기있게 회복되어 여성 스스로 명랑해진다는 논리였다. 여성들의 폴리타민 복용 이유는 빈혈과 냉증 개선 이외에도 여성적 매력을 발휘하는 미용의 첫 번째 조건인 윤기 있는 피부를 위한 근대미용과학의 새로운 주장이었다. 특정 영양소가 여성의 외모와 관련있다는 사실은 여성들의 사회 진출과도 큰 연관성이 있다. 근대 일본에서 여성들이 사회로 진출하여 다양한 직업을 갖게 되면서 일정한 수준의 외모와 건강이 요구되었다. 추가적으로 출산을 해야 하는 여성에게는 더 건강한 신체가 요구되었다. 따라서 광고 모델로 등장하는 여성은 일본인과 서양인이 혼재되었고 일본인은 기모노를 입은 여성과 양장과 베레모를 쓴 모던 걸로 양분되었다. 전통의상을 입은 여성에게는 '산후 쇠약에', 양장을 입은 여성에게는 '쇠약한 여성에게 권장하는'과 같이 홍보 문구에 차이가 있었다. 동일한 사회 내의 일본 여성에게도 요구되는 사회적 인식이 다르다는 점을 확인시켜 주었다.

이와 같이 근대 초기의 영양제는 신체의 질병 예방과 개선 측면만이 아니라 남성에게는 스포츠로 대표되는 건강미, 여성에게는 아름다운 피부 미용을 강조하면서 젠더적인 특징을 가시화시켰다. 여기에서 이상적인 신체이어야 함에도 불구하고 실제로는 좀처럼 그렇게 되지 않는 현상으로서 스티그마stigma를 느끼게 된다. 스티그마는 약점이나 아픔이라는 뜻으로 카리스마의 반대어로 원래 낙인이라는 의미이

『요미우리』, 1934.5.14 전면

『요미우리』, 1935.6.28

『도쿄아사히』, 1937.2.21 전면
『요미우리』, 1937.2.24 전면

그림 11 미를 추구하는 여성과 엄마로서의 여성

다. 예를 들면 레트로적인 도덕에 기초하여 남성은 일방적으로 스포티한 신체이어야 하기 때문에 매일 신체를 단련하고 신체에 좋은 것을 해야만 한다는 식이다. 반대로 여성은 미용에 신경을 써서 아름다운 피부, 멋있는 스타일이어야만 한다고 주장한다.[49]

여섯째, 제2의 건강한 국민으로서 '아동의 건강'에 집중했다. 모체母體에서 물려받은 유전적 요인이 다른 아동의 신체를 국민의 신체로 만들기 위해서 가장 중요한 것은 칼슘과 단백질의 공급이었다. 아동의 칼슘에 관한 광고를 실은 잡지 『아동의 세기子供の世紀』에도 단백질 공급원으로서 폴리타민이 언급될 정도였다. 앞에서 언급된 1926년 '황손 탄생기념 아동박람회'는 물론, 1929년 '무엇보다 건강!'이라는 슬로건으로 전국적인 건강증진 캠페인이 시작되었다. 1930년 『아사히신문』은 '일본 건강 우량아' 선발제도를 시작하는 등 사회 전반적으로 국민이 될 아동의 '건강시대'의 도래는 막을 수 없었다. 『요미우리신문』의 1929년 8월 18일 자 광고에는 '허약한 소아의 가장 좋은 강장제로서 폴리타민'의 실험보고서 내용을 실었다. 최근 다카타니高谷 박사는 히로시마시廣島市의 허약한 소학교 아동들에게 폴리타민과 간유肝油를 복용시키고 그 성적을 비교하는 시험을 진행한 뒤 자세한 보고서를 작성했다. 결과는 폴리타민이 허약한 소아의 강장제로서 탁월하며 유일한 제품이라는 사실이 명백해졌다고 밝혔다. 특히 1930년대 중반 폴리타민 복용을 적극 홍보했던 전제는 허약아동 대부분이 '결핵 체질'이며 이를 보완해주는 것이 아미노산이라는 영양학적 소견이 밑받침이 되었다. 한 달 뒤에는 의학박사 6명이 실명을 내걸고 폴리타민 처방과 효과를

『요미우리』, 1932.6.21

『요미우리』, 1935.5.24

그림 12 허약한 아동과 폴리타민

『오사카아사히』, 1937.5.5

직접 언급했다. 결핵 증상이 드러나지 않는 결핵 초기의 아동들에게 학교와 가정에서 폴리타민을 복용시키고 각각의 결과를 실었는데 다음과 같다.

표 3 가정과 학교에서 아동의 폴리타민 복용 후기

가정	학교
식욕이 생겼다	혈색이 좋아졌다
위장이 튼튼해졌다	기운이 활발해졌다
머리 아프다는 소리를 안 하게 되었다	피로를 느끼지 않게 되었다
체중이 늘었다	학업 성적이 좋아졌다
숙면을 하게 되었다	결석이 줄어들었다
식은땀을 흘리지 않게 되었다	

1937년 1월 광고에서는 폐결핵의 초기인 샘병질 아동에게 "건강 아동 10훈訓"과 아미노산을 복용하여 밝고 건강한 한해를 보내자는 응원 메시지를 담았다. 이와 같은 소학교 아동의 임상사례는 1935년 이후부터 학습과의 연관성으로 확대되었다. '허약한 소아 대부분은 결핵 체질'이며 아미노산 결핍은 신체와 두뇌 발달을 저해한다. 따라서 뇌를 활발하게 사용하는 수험생의 피로 회복, 능률증진제로서 폴리타민이 적합하다고 언급했다. 전시기에 들어가는 1937년 이후에는 아미노산의 3중작용식욕증진, 체질강화, 호르몬작용을 강조하면서 '건강보국', '육군 약국 방위상용 승인'과 같은 문구도 등장했다.

유전적 허약체질 개선으로 아동에게 요구되었던 건강한 신체라는 상징성은 수험공부의 최종 목적지인 대학에서도 계속되었다. 의학부와 공학부의 입학시험에서 학생의 신체검사가 선행되었는데 의학부에서는 '환자를 다루고 특히 의학공부와 학부의 아르바이트도 격렬하다'는 이유로, 공학부에서는 '재학 중에도 취직 후에도 기술자로서 매우 바쁘기 때문에 체력이 중요시된다'는 이유였다. '건강한, 또는 건전한 신체'를 적극적으로 육성하기 위해 대학 내에 스포츠를 장려하는 분위기가 조성되고 '운동회'를 비롯하여 각종 스포츠시설이 정비되었다.[50]

마지막으로 남녀노소의 건강한 신체를 기반으로 하는 '가족'이 등장한다. 당시 일본인의 하루 필요 열량은 1,585~2,300칼로리이며 그중 단백질은 85~70g이었다. 그렇지만 노동자층은 하루 2,000칼로리에 단백질 60g으로 필요 열량도 동물성 단백질도 절대적으로 부족한 상황이었다. 따라서 한 가정 내 부모와 자녀가 섭취하는 영양은 동일했기에 만약 단백질이 부족한 식사를 하는 가정이라면 폴리타민 종합영양제로 보충하기를 바라는 희망적인 메시지가 담긴 기획이라고 할 수 있다. 가족 구성원에게 필요한 유행성 감기 예방, 수험공부에 따른 피로 회복과 체중 증가, 면역력 증가로 체질을 강화한다는 콘셉트이다. 국산 강장제의 정예 폴리타민을 복용한 가족은 정력적인 부성과 아름답고 건강한 모성, 그리고 튼튼한 자녀로 수렴되는 이상적인 가족도家族圖를 만들 수 있다는 단적인 예를 제시했다. 광고 속의 가족들의 얼굴은 통통하고 활기차고 밝은 미소는 폴리타민이 만들어낸 건강의 상징처럼 보인다.

근 20여 년에 걸친 폴리타민의 신문광고는 시기적으로 광고 모델의 변화가 있었다. 일간지 광고, 모던 걸을 내세운 포스터, 화장품 광고

『요미우리』, 1935.4.8

『오사카마이니치』, 1936.6.14

『요미우리』, 1938.2.12

그림 13 가족의 종합영양제

처럼 상품 광고 경쟁이 심화된 1930년대 중반 이후에는 영화와의 타이업 광고가 잡지에 빈번하게 등장하기도 했다. 반면, 와카모토는 출발이 '영아과 육아의 모임'이었듯이 아동용 가미시바이紙芝居, 종이 연극 홍보 활동도 전개했다. 이와 같이 1920년대부터 1940년대 초까지의 폴리타민 신문광고는 미디어 매체의 종류별로 효능과 효과를 설명하는 서체, 각 해당 언어와 제품명, 이미지일러스트와 사진 등 도안, 광고 시기도 달랐다. 발매원 다케다 역사인 『다케다 2백년사』에 당시의 판매량과 수익성에 관해 알려진 바는 없지만, 일본과 식민지 곳곳에서 진행된 폴리타민 광고는 상당히 성공적이었을 것으로 여겨진다. 물론 식민지별로 자양강장제 약품의 종류가 달랐던 것도 분명하다. 제국 일본 지역에서 폴리타민의 판매원이었던 다케다는 세계 최초로 개발한 비타민B와 아미노산을 합성한 새로운 자양강장제 '아리나민'을 전후 새로운 브랜드로 발매하고 현재까지 지속하고 있다.

의료화된 나의 근대적 신체

1895년 조선에서 공포된 단발령은 국가가 개인의 신체를 관리해야 한다는 위생의 시각과 신체발부수지부모라는 유교 사상에 기초한 신체 일부의 훼손이라는 정신적 가해행위 측면의 두 시각이 존재했다. 신소설新小說에서는 전쟁, 군진軍陣위생, 서구의학, 검역체계, 철도 자살과 같은 근대 문명 속에서 내쳐진 개인의 신체를 보여주는 주인공들이

'근대적인 개인'으로 묘사되었다.[51] 개인의 신체가 근대적인 시각 속에서 인식되기 시작한 것은 제국적인 식민지 경영에서 두드러졌다. 제국 일본의 니토베 이나조新渡戸稲造, 1862~1933는 식민지 경영에서 가장 중요한 것은 위생과 의학의 원조援助라고 거듭 강조했다. 근대의학과 과학 담론을 통해 개인의 신체가 어떻게 구성되고 작동하는지에 대한 지식이 풍부해질수록 육체가 권력에 순종하도록 만드는 규율도 치밀해지고 그 대표적인 공간이 학교, 군대, 공장, 병원[52]이라고 언급했다. 다시 말해 제국 일본이 식민지에 강제했던 '질병＝미개', '의학＝문명' 도식 하에서 해부학, 생리학, 영양학, 위생학의 개념은 제국적 통치 관념보다 근대 국가의 절대적인 수호자로서 표상되었다. 결과적으로 개인의 신체가 국가의 기본인 '국민'이자 국가의 '힘'으로 표상되는 근대 국가론에 뒷받침되었다는 점을 다시 강조한 것이다.

　일본은 19세기 근대 국가 시스템을 구축하는 과정에서 서구에 뒤처졌던 자국민의 허약한 체질과 체격을 인식하게 된다. 메이지 시기부터 방적공장에서 여공으로 일한 여성들, 청일·러일전쟁의 병사로 참가한 남성들의 과로, 집단거주, 열악한 식단으로 인한 전염성 결핵은 백미 식단으로 발병하는 각기병과 함께 일본의 2대 국민병이었다. 다이쇼와 쇼와 초기까지 이러한 신체적 열악함은 심각해질 뿐이었다. 이에 일본 정부는 영양학과 세균학으로 발달된 근대의학에 기초하여 가정의학과 가정위생을 통해 전염병을 예방하고 보건소, 국민체조, 운동회, 건강보험제도 실시 등 사회 인프라 구축에 힘써 위생국가를 지향하고자 했다. 또 상시 병력화될 수 있는 개인의 신체를 국가에 귀속시키기 위해 국가적인 위생 시스템과 의학을 통해 개인이 건강한 '국민'으로 만들어질 것이라고 희망하였다. 우선 가정위생은 세균학과 관련된 치약과 비누 사용으로 개선했으며 가정의학은 신체의 면역력 강화로 건강과 생명을 유지한다는 점을 내세우는 대중적 해피 드러그의 대중적 기반을 구축했다. 개인에게 필요한 영양소와 그 양은 차이를 고려해야 하며 이는 필요한 영양소만 추출한 종합영양제의 섭취를 통해 가능하다는 논리를 더욱 발전시켰다. 체질적으로 위가 약한 일본인에게 가장 필요한 단백질 공급원은 우유였고 당시 일본 아동에게 우유급식이 실시되었다는 점으로 보아도 우유 단백에서 추출한 세계 최초 아미노산 제제라는 폴리타민의 홍보문구는 복용과 효능의 인과성을 심리적으로 인정하는 플라시보 효과를 만들어냈다.

폴리타민의 자양강장 효능은 '허약·쇠약 개선', '산전·산후의 회복', '허약한 아동', '정력 증강', '빈혈'로 대표되었다. 특히 1920~30년대 결핵 아동이 많았던 일본 사회에서 제2국민으로 태어난 아동과 출산 모체로서 여성의 몸에 대한 타자화는 결핵 치료 대상에서 더 강화되었기 때문이다. 그러나 즉각적인 약리작용은 없지만 지속적은 복용은 내 몸이 '좋아질 것이다'는 플라시보 효과[53] 이상으로 허약한 모체와 여성적 미용 개선 , 허약한 젖먹이와 유아 및 아동의 체질 개선, 수험생의 영양 보충, 정력적인 남성, 최종적으로는 가족 전원의 '면역력 증가'라는 종합영양제로 귀결되었다. 이와 같은 자양강장제에 대한 인식은 식민과 피식민 모두 개인의 신체에 대한 건강 욕망은 동일했고 특히 근대화·산업화 과정에서 요구되었던 과중한 노동에 따른 피로 회복은

'종합영양제'로서 극복될 수 있다는 신념을 주기에 충분했다. 특히 '먹으면 좋아질 거야'라는 대학병원과 부현립병원의 권위있는 의학박사들의 객관적인 임상 데이터 홍보는 특별한 질병이 없어도 종합영양제를 복용하면 무병장수라는 인류의 보편적 욕망을 이룰 수 있다는 키워드로서 식민지 전역으로 지역화되어갔다.

푸코는 "19세기의 기본적 현상 중 하나는 생명에 대한 권력의 관심인 것 같다. 권력이 생명체로서의 인간을 장악하는 것, 즉 생물학의 국유화, 아니면 적어도 생물학의 국유화라고 부를 수 있는 어떤 것으로의 경도현상"이라고 했다.[54] 이와 같이 질병은 인구론적 차원에서 사고되는 동시에 근대 국가에서 국가적인 힘으로 전체화되기 때문에 일본의 결핵과 같은 전염병학이 임상의학의 핵심으로 부상되었고, 그 임상사례를 적극 홍보하는 의학박사의 언설은 일반 대중이 가정의학이라는 타이틀 속에서 자양강장제 또는 영양제로서 자신과 가족의 건강을 개선할 수 있다는 신념을 강화시켰다고 보여진다. 그런 측면에서 일본인의 근본적인 체질 개선을 홍보하는 폴리타민의 플라시보 효과는 국민의 중심이 남성에서 모자까지 확장되는 기준이 가정의학에 기반한 건강한 신체의 소유자였고 이는 제약회사들이 발매한 해피 드러그를 통해 개인 신체의 국가성을 표현하는 또 다른 방법으로 작용했다는 점을 보여주는 사례이다. 그리고 이런 사실들이 식민지 전역으로 확산되어 의학=문명의 관념으로 교육되었다는 점이 현재 매일같이 종합영양제를 복용하고 있는 우리들의 건당담론에 대해 깊은 사유가 필요한 지점이다.

사실 개국과 함께 서양의 문물을 모방하여 유사 서구화를 도모했던 근대일본이 마지막까지 극복하지 못했던 것이 신체적 열악함이었다. 벽돌건물과 근대적 도시 인프라는 손쉽게 모방했듯이 서양인의 신체와 건강을 따라가기 위해 자신들에게 부족한 영양소를 찾아내고 그것을 극복해가는 일본인들의 근대적 신체에 대한 열망은 현재 우리가 매일같이 먹고 있는 다양한 영양제로 귀결되었다. 생명유지에 필요한 5대 영양소 중 특정 비타민이 부족해서 발생하는 질병에 대해 병원에서는 이 비타민을 처방해주지는 않는다. 대신 우리 스스로 비타민이 많이 들어있는 제철 음식 및 종합영양제를 복용하여 플라시보 효과를 기대한다. 구체적으로 탁한 혈액을 맑게 만드는 영양소는 오메가3이며 이 영양소가 다량 포함된 한국의 들기름과 서양의 아보카도 오일 제품을 찾고 있는 행위는 근대일본의 신체적 열악함을 극복하려고 했던 근대의화학에 기반한 근대화·사회화된 나의 '몸'의 현재적 반증이다.

김경리

제3장

근대적 건강미 발현으로서의
머리카락과 발모제
전근대 대머리 약사

현대 사회에서 '탈모'나 그로 인해 갖게 된 '대머리'는―폄하의 뜻이 담겨있든 담겨있지 않든지 간에―곧잘 자조自嘲나 우스갯소리의 소재거리다. 정치권에서는 쿠데타로 정권을 획득했던 전두환全斗煥에 대한 풍자와 폄하시 곧잘 그의 '넓은 이마'를 꼬투리로 삼았었고, 연예계에서는 희극의 감초 역할로 '쌍라이트'조춘, 김유행가 나름 인기를 얻기도 했었다. 또 아직까지도 인기리에 방영 중인 MBC TV 프로그램인 〈황금어장−라디오스타〉에서도 '해돋이 특집'으로 연예계의 대표적인 '대머리' 염경환, 홍석천, 윤성호,

그림 1 영화 〈땡칠이와 쌍라이트〉 포스터(1990)

그림 2 〈황금어장 – 라디오스타〉 '해돋이 특집'(제309회)

손리가 2회에 걸쳐 출연하기도 했다.제309·310회, 2013년 1월 2·9일 이 토크쇼는 다양한 주제로 진행되었는데, 당연히 탈모와 대머리도 주된 주제 중 하나였다. 식상할 법도 한 그 '서글픈 얘기'를 너도나도 흥미진진하게 풀어냈고, 시청자들의 웃음과 좋은 호응을 끌어냈다. 이러한 '대머리'라는 결과와 '탈모'라는 원인의 대척점에, '탈모 예방'이라는 소극적 대처와 '발모제'라는 적극적 대응이 존재한다. 사실 '탈모'와 '대머리'에 대한 피상적인 입장이나 관점은 동서고금을 막론하고 대동소이했다.

먼저 동양을 살펴보자. 선진先秦시기 『시경詩經』「용풍鄘風」 중 「군자해로君子偕老」편에 이런 구절이 보인다.

　　풍성한 머릿결 구름 같으니,

　　가발 따위는 필요 없네.

　　鬒髮如雲,

　　不屑髢也.

이런 노랫말을 보면, 당시에도 이미 머리카락이 풍성하지 않으면 가발을 썼음을 알 수 있다. 또 『진서晉書』 권卷25 「여복지輿服志」에 이런 기술이 보인다.

책건幘巾은 옛날에 신분이 비천해 관모冠帽를 쓸 수 없는 이들이 두르던 것이었다. 한나라 원제元帝는 이마에 머리카락이 너무 많아 이를 가리기 위해 처음으로 책건을 가져다 머리에 둘렀다. 그런데 왕망王莽은 정수리에 머리카락이 없었기에 책건 윗부분에 붕긋한 지붕을 얹었다.
幘者, 古賤人不冠者之服也. 漢元帝額有壯髮, 始引幘服之. 王莽頂禿, 又加其屋也.

이 기술을 보면, 서한西漢 말엽에 권세가였던 왕망이 대머리라 상투를 틀 머리카락이 없다 보니, 긴 천 조각을 머리에 두르는 책건만으로는 밋밋해, 상투가 있는 것처럼 정수리에 붕긋한 지붕을 얹은 책건을 만들었다는 얘기다. 이처럼 머리카락이 제대로 갖춰지지 않은 것은 동양에서 신체의 일부가 결여된 상태로 인식되었고 가발이나 상투를 덮은 듯 붕긋한 모자로 위장해야만 했다. 결국 이러한 기술들은 당시의 '대머리'에 대한 세속적인 인식이나 인상이 지금과 별반 다르지 않았음을 역설적으로 확인시켜 준다.

일본의 경우도, 에도江戸시기 사무라이侍가 머리카락이 너무 빠져서 일본식 상투 촌마게丁髷를 묶을 수 없으면 아예 은거하는 관습이 있을 정도였다고 한다.[1]

근대 이전 한국 선비들이 남긴 '탈모'와 '대머리'에 대한 언급을 살펴봐도 다음과 같은 기술들이 보인다. 고려조高麗朝, 이규보李奎報, 1168~1241의 「대머리를 자조함頭童自嘲」이란 시를 보면 이렇게 노래하고 있다.

> 머리털이 빠져 온통 대머리가 되었으니,
> 마치 민둥산 같구나.
> 모자를 벗더라도 부끄러워하지 않으며,
> 빗질할 생각은 아예 없다네.
> 髮落頭盡童,
> 譬之禿山是.
> 脫帽得不愧,
> 容梳已無意.[2]

고려 말엽에서 조선 초엽을 살았던 권근權近, 1352~1409의 「대머리 얘기 – 김진양자호童頭說 – 金震陽自號」란 글을 보면 이렇게 말하고 있다.

> 김진양은 취하면 모자를 벗고 머리를 드러냈는데, 보는 사람들마다 모두가 자신을 '대머리'라고 말하기에, 스스로 이를 자신의 별호로 삼았다. 별호라는 것은 자기 자신을 부르는 것인데, 자신이 대머리니, 스스로 대머리라 부를 수도 있지 않겠는가!
> 醉則脫帽露頂, 人之見之者皆謂: 吾頭童, 故吾因以爲號焉. 夫號所以呼

我也, 我童者也. 呼我以童, 不亦可乎![3]

조선조^{朝鮮朝} 다산^{茶山} 정약용^{丁若鏞, 1762~1836}의 시 「노인일쾌사^{老人}
^{一快事}」 6수 중 첫 수에서는 이렇게 자부하고 있다.

> 늙은이에게 유쾌한 일이 한 가지 있다면,
> 대머리가 된 것이 정말이지 유독 기쁘구나.
> 머리털이란 것이 본래 쓸데없는 군더더기이거늘,
> 이를 처리하는 방법은 각자 전혀 다르구나.
> 예절을 갖추지 못한 자들은 모두 머리를 땋아버리고,
> 얽매이지 않으려는 자들은 대부분 깎아버리네.
> 老人一快事,
> 髮鬑良獨喜.
> 髮也本贅疣,
> 處置各殊軌.
> 無文者皆辮,
> 除累者多薙.[4]

언뜻 보기에 위의 세 인용문은 모두가 대머리가 되었음을 자부하
거나 당연시하는 글이지만, 전체 맥락을 잘 곱씹어보면, 결국 세간^{世間}
의 보편화되어 있는 '대머리'에 대한 조소나 폄하를 전제로 해서, 이런
전제를 180도 뒤집어 오히려 당당하게 생각한다는 의견을 밝히고 있

다. 결국 이러한 기술들은 '대머리'에 대한 세속적인 인식이나 인상은 지금과 별반 다르지 않았음을 역설적으로 확인시켜 주고 있는 것이다.

하지만 그렇다고 '대머리' 자체가 저열하다는 의미를 가지고 있지는 않았다. 심지어 동양의 관상학에서는 이마를 위로부터 '천중天中', '천정天庭', '사공司空', '중정中正' 등으로 세분하고, 이를 관운官運과 출세出世 여부를 살필 수 있는 '관록궁官祿宮'으로 간주하여 중시했고, 넓은 이마에 포용력이 있고 대범하다는 등, 초년운初年運이 좋다는 등, 매우 긍정적인 의미를 부여했다. 민화풍의 신선도神仙圖를 보면, 신선이 민머리나 아예 약간의 주변머리만 가진 대머리의 형상을 가지고 있는 경우를 흔히 볼 수 있다.

서양의 경우를 살펴보자면, 기원전 5세기 키레네지금의 리비아 출신의 시네시오스Synesius는 『대머리 예찬』이란 장문의 글을 지어, 대머리의 우월성과 아름다움을 뽐냈지만, 사실 이 글은 한때 자신이 정신적 스승으로 여겼던 '황금의 입' 디온의 『머리카락 예찬』에 대한 집요한 반론이었다.[5] 때문에 그 반론이 격렬하고 구구절절할수록, 그것은 『머리카락 예찬』에서의 대머리 공격이 그만큼 자극이 되고 상처가 되었다는 반증일 뿐이다. 로마의 율리우스 카이사르Julius Caesar 역시 위대한 정복자이자 통치자로 유명하지만, 그가 고집했던 '월계관月桂冠'은 그의 탈모를 가리기 위한 것이었다고 전하며, 클레오파트라가 연인인 카이사르를 위해 쥐를 태운 재에 곰 기름과 사슴뿔을 넣어 탈모 치료제를 만들기도 했다고 전해진다.

사족을 달자면, 서양에서도 일정 기간 아주 제한적인 조직에서나마 오히려 대머리를 추구하는 헤어스타일이 유행한 적이 있었다. 바로 천주교에 존재하던 톤스라^{tōnsūra}가 그것인데, 이는 일종의 삭발례削髮禮로써, 당초 결혼까지 허용되던 신부神父나 수사修士들에게, 1073년 교황 그레고리 7세가 엄격한 금욕주의를 강제하면서 금혼禁婚 등의 제약과 함께 시작되었다고 전해진다. 이 기이한 '대머리' 스타일의 탄생 배경은 이렇다. 『신약성서』「사도행전」18장 18절에 이런 기술이 보인다.

그림 3 천주교의 톤스라(tōnsūra)

> 바울은 더 여러 날 머물다가 형제들과 작별하고 배 타고 수리아로 떠나갈 새 브리스길라와 아굴라도 함께 하더라 바울이 일찍이 서원이 있었으므로 겐그레아에서 머리를 깎았더라.

천주교에서는 이 기술에 근거해 사도 바울이 머리를 깎은 것을 본받아 머리를 삭발하려 했지만, 문제가 한 가지 있었다. 오히려 더 오래된 『구약성서』「민수기」6장 5절에서는 정반대의 기술이 보이기 때문이다.

> 그 서원을 하고 구별하는 모든 날 동안은 삭도削刀를 도무지 그 머리

에 대지 말 것이라, 자기 몸을 구별하여 여호와께 드리는 날이 차기까지 그는 거룩한즉 그 머리털을 길게 자라게 할 것이며

이 기술을 따르자면, 오히려 여호와에게 영광을 돌리기 위해서는 삭발을 하지 않고 머리를 길러야 했다. 한 마디로『구약』과『신약』의 기술이 상충된 것인데, 그래서 나온 절충안이 바로 가운데 머리털은 사도 바울을 본받아 삭발하고, 성직자의 모자 주케토zucchetto로 가려지지 않는 주변 머리털은 남겨서 하나님께 영광을 돌리는 '톤스라'라는 헤어스타일이었다. 11세기에 등장한 이 헤어스타일이 공식적으로 폐지된 것은 한참이 지난 1972년 교황 바오로 6세Paulus VI 때였다.

하지만 동서양에서 관상학이나 종교적 이유로 대머리를 호의적으로 보거나 심지어 추종하는 경우가 있었다고는 하더라도, 일반적인 인식과 인상은 늘 정상正常의 결핍이었다. 특히 탈모나 대머리의 가장 큰 부정적 함의는 노쇠함이었다. 당대唐代 시인 두보杜甫, 712~770는 「춘망春望」757이란 시에서 자신의 쇠잔衰殘함을 이렇게 읊조렸다.

흰머리 긁을수록 짧아만지니,
정말이지 비녀조차 꽂을 수조차 없겠네.
白頭搔更短,
渾欲不勝簪.

동시대 문인 한유韓愈, 768~824도 「진학해進學解」811란 글에서 제자

의 입을 빌어 스스로를 이렇게 형용했다.

> 머리는 벗겨지고 이는 빠지셨으니, 이렇게 돌아가시면 세상에 무슨
> 보탬이 되겠습니까?
> 頭童齒豁, 竟死何裨?

두 사람 모두 40대의 나이에 머리털이 빠진 형상으로 자신의 노쇠함을 표현하고 있다. 이런 맥락에서 보면, 머리카락과 머릿결은 예부터 건강의 상징이었고 말할 수 있다. 실제로 한국이나 중국의 전통 시문詩文을 살펴보면, 남녀불문하고 검고 무성한 머리카락으로 젊고 건강함을, 희고 성근 머리카락으로 늙고 쇠잔함을 상징하고 있는 경우를 곧잘 발견할 수 있을 것이다(서양에서도 탐스럽고 무성한 머릿결은 늘 젊음과 건강함의 대표적인 상징물 중 하나였다).

이렇다 보니, 머리털을 보존하고 자라나게 하기 위한 약재나 약방 역시 진작부터 동양 의서에 기재되어 있었다. 중국 전통 약학藥學의 집대성이라 할 수 있는 이시진李時珍, 1518~1593의 『본초강목本草綱目』이나, 한국 전통 의학의 총괄이라 할 수 있는 허준許浚, 1539~1615의 『동의보감東醫寶鑑』만 봐도 머리를 자라나게 하는 처방이 수록되어 있다.[6] 더 흥미로운 것은 15세기 일반 백성들을 위해 편찬되었던 『향약집성방鄕藥集成方』 권30卷三十 「두병문頭病門」에도 「머리털이 돋아나게 하면서 잘 자라게 함生髮令長」 조항과 「수염과 머리털이 빠지는 증상鬚髮禿落」 조항 안에 발모 효과가 있는 처방이 적잖게 수록되어 있다는 것이다. 이는 당시에

탈모를 일종의 병증病症으로 보고 보고 있었다는 방증이다.

고대 이집트에서는 악어 기름이나 하마 똥 등을 탈모 회복을 위한 연고로 썼고, 고대 그리스의 히포크라테스는 탈모증을 치료하기 위해 아편, 고추냉이, 비둘기 배설물, 고추, 사탕무 등을 혼합한 약재를 사용했고, 아리스토텔레스는 염소 오줌으로 탈모 탈출을 시도했다고 전한다.[7]

이처럼 '탈모'라는 원인과 '대머리'라는 결과라는 인과관계의 대척점에, '탈모 예방'이라는 소극적 대처와 '발모제 사용'이라는 적극적 대응이 존재한다.[8] 탈모와 발모發毛에 대한 이 같은 전통적 관점과 대응은, 근대 과학의 세례를 받으며 재편再編의 과정을 거치게 된다.[9] 목수현의 지적처럼 "몸에 대한 서양의 새로운 학문과 지식이 조선에 도입되면서 한의학 대신 서양의학이 헤게모니를 장악하게 되었다. 이처럼 우리 근대의 신체는 사회 진화론적 인종주의와 서양 의학적 과학주의의 테두리에서 자유로울 수 없었던 것으로 보인다. 이러한 담론과 더불어, 또 그것을 일부분 반영이라도 하듯 근대기에 신체와 관련된 신문 광고에는 다양한 근대 의식들이 나타나고 있다".[10] 그리고 이 인식의 변화(혹은 단절) 과정에서 등장한 해피 드러그Happy Drug가 바로 전통적 발모제와 구분되는 근대적 발모제다.

본격적인 근대 발모제 논의에 앞서 덧붙이자면, 아쉽게도 국내에서는 인문학의 관점에서 근대 발모제를 살펴본 선행연구는 없다고 말해도 무방할 정도로 찾기가 어렵다. 그나마 서양에서는 레베카 허지그 Rebecca M. Herzig의 *Plucked : A History of Hair Removal*New York Univ Press, 2015

와 커트 스텐Kurt Stenn의 *Hair : A Human History*Pegasus Books, 2016[11] 정도 가 관련 서적이라 할 수 있지만, 전자는 제목에서도 알 수 있듯이 기본 적으로 발모發毛가 아닌 탈모脫毛와 제모除毛에 주목하고 있으며, 다루는 범위도 미국에 국한되어 있고 다분히 페미니즘적인 접근을 시도하고 있다. 후자는 저자가 피부학 전문의이기에 기본적으로 생물학적인 접 근을 근간으로 하고 있으며, 인류학적 접근도 있긴 하지만 상당히 거시 적으로 기술되어 있다.

일본에서는 모리 마사토森正人의 『대머리로 고민한다－열등감의 사회사ハゲに悩む－劣等感の社会史』筑摩書房, 2013와 아라마타 히로시荒俣宏의 『두발의 문화사髪の文化史』潮出版社, 2000[12] 정도를 꼽을 수 있는데, 이들이 비록 인문학적으로 머리카락과 대머리에 대해 기술하고 있긴 있지만, 기본적으로 대중 인문과학서적으로서의 접근에 충실하다. 굳이 따지 자면 전자가 조금 더 학술적이고, 후자는 에피소드 중심으로 기술되어 있다.

그나마도 발모제에 대해서는 주목할 만한 부분이 많지 않아서, 여기서는 1차 자료라고 할 수 있는 20세기 초의 신문 광고, 특히 한국의 경우 『동아일보』와 『조선일보』를, 그리고 일본의 경우 『요미우리신문読 売新聞』를 주요 대상으로 근대 발모제에 대해 기술하도록 하겠다.

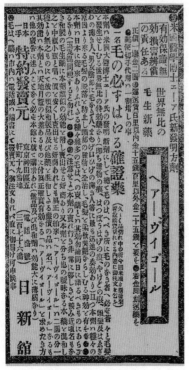

근대의 시각으로 바라본 대머리와 탈모, 그리고 대응

발모제는 기본적으로 질병의 치료가 목적이 아니라 삶의 질을 높이기 위한 전형적인 '해피 드러그Happy Drug'다.[13] 물론 발모제의 약효와 탈모 원인에 대한 구체적인 설명을 살펴보면, 탈모를 유발하는 병증을 치료한다는 입장을 취하고 있긴 했지만, 그 병증이란 것이 생명을 위협하거나 외관상의 이유 말고는 생활을 방해할 정도는 아니었고,[14] 해결방식도 주로 영양분 공급이 대부분이었기에, 근대적 발모제의 발명과 출시는 기본적으로 삶의 질을

그림 4 『요미우리신문』, '헤어-비고-루' 광고 (1893.4.14)

높이기 위한 욕망에 대한 호응이었다.

동아시아에서 발모제 광고는 19세기 말 일본에 이미 등장했다.[15] 하지만 이보다 더욱 주목되는 것이 2년쯤 뒤에 실린 광고다(그림 4). '세계에서 비할 데 없는 새로운 발모제世界無比の毛生新藥'나 '일명 털이 반드시 자란다고 확실하게 증명된 약품一名毛の必ずはえる確證藥'이라는 확신에 가득 찬 카피도 눈에 띄지만, 보다 중요한 것은 제품명 자체가 외국어인 '헤어-비고-루ヘアーヴイゴール'[16]인 데다, 카피에도 '미국 의학 박사 에-아씨가 새롭게 발명한 약제藥劑'美國醫學博士エーア氏新發明方劑를 운운하며, 이 발모제가 서구 과학 기술의 결과물임을 강조하고 있다는 점이다.[17]

한국의 신문에서도 본격적으로 발모제 광고가 등장하기 시작한 것은 아무래도 1920년대에 들어서였다. 가장 눈길을 끄는 것은 일본에서 들어온 '후미나인フミナイン'이란 발모제였는데,[18] 실제로 필자가 『조선일보』와 『동아일보』를 확인해 본 바, 가장 자주 발견할 수 있는 발모제 광고였다.[19] 그중에서도 좀 이른 시기의 '후미나인' 광고 카피를 살펴보면, 이 발모제가 근대 과학의 성과임을 표방하고 있음을 확인할 수 있다(그림 5).

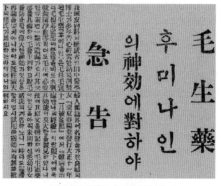

그림 5 『동아일보』 '후미나인' 광고(1923.6.13)

아국我國→일본 피부과皮膚科의 권위자인 다나카田中 의학박사醫學博士가 다년간多年 고심苦心해 연구硏究한 결과, 창제創製된 모생약毛生藥 '후미나인'은 모모모낭毛母毛囊과 모근기저부毛根基底部에 영양營養을 비소로 자극刺戟·살균殺菌·정혈淨血 등等, 적어도 모생毛生에 필요한 요소要素면 조금一點의 빠트림遺漏 없이 그 전부其全部를 구비具備하야, 모모를 나生게 하고 탈모脫帽를 방지防止함에 위대偉大한 신효神效가 있음은 재론再論을 필요要치 아니하야 (…중략…) 아직 (이 약에 대해) 듣지 못한未聞 남녀노소老幼男女 모두諸氏에게 고告하노니, 일시一時라도 지체遲滯함이 없이 시용후試用後 영효靈效의 유무有無를 비판批判하시오.[20]

그림 6 『동아일보』 '후미나인' 광고(1929.10.25)

이 같은 구구절절한 설명은 몇 년 뒤 좀 더 업그레이드가 된다. 일례로 『동아일보』에 실린 카피를 살펴보자(그림 6).

살균殺菌, 활성화興奮, 영양榮養, 이 세 작용三作用 겸비兼備 (…중략…) 피부과皮膚科 연구硏究에 일생一生을 바친 일본日本 피부과皮膚科 최대권위最大權威인 전前 도쿄제국대학교수東京帝國大學敎授 다나카田中 의학박사醫學博士는 이러한此等 모발毛髮이 자라지 않는未萌 원리原理를 탐구探求하야, 모생제毛生劑로 완전무결完全無缺한 후미나인을 발견發見·창제創製한 것입니다. 후미나인은 살균작용殺菌作用으로 모근부毛根部의 유해有害 곰팡이균黴菌을 박멸剿滅하야 피부皮膚를 건강화健康化하며 활성화작용興奮作用으로 피하모근부皮下毛根部에 적정미묘適正微妙한 자극刺戟을 부여賦與하야 발생기능發生機能을 촉진促進하고, 영양작용榮養作用으로 모모모낭毛母毛囊에 머리카락毛筋을 굵고 길게 발육發育하는 영양소榮養素를 흡수吸收케함으로, 여러幾多 장해障害로하야 발육장생發育長生이 저지阻止되었든 모발毛髮도 후미나인의 영효靈效로 칠흑漆黑의 윤태潤態나는 미모美毛가 됩니다.

이처럼 구구절절하던 카피는 점차 간소화되고 상표명이 강화되는 과정을 거치게 된다. 10년 뒤에 『조선일보』에 실린 '후미나인' 광고

그림 7 『조선일보』 '후미나인' 광고(1938.10.15 조간)

(그림 7)를 보면 그 카피가 상당히 간결화되어 있다. 다른 이유도 있겠지만, 광고가 차지하는 지면의 공간은 더 늘어났으면서도 상품에 대한 설명이 오히려 줄어든 것은, 아마도 이미 '후미나인'의 지명도가 어느 정도 확보되어 이 부분은 더 이상 부연할 필요가 없을 정도가 되어서가 아닐까 한다. 이미 앞서 살펴본 1929년 10월 25일 자『동아일보』에 실린 '후미나인' 광고(그림 6)를 보면 왼쪽 윗부분에 "반드시 후미나인이라고 지명指名한 뒤 매입買入하시오"라고 씌어있는 것을 보면, 이미 당시에 경쟁제품이나 유사제품이 나와 있었다는 것도 미루어 짐작할 수 있는데, 이 역시 '후미나인'이 당시 널리 보급되었고 인기를 끌고 있었다는 방증傍證이 된다.

　흥미로운 것은 1923년 6월 13일 자『동아일보』의 '후미나인' 광고(그림 5)를 보면, 이후 광고와는 달리 정확한 판매처나 발매원, 그리고 가격 등을 명시하지 않고, 그저 '급히 알립니다急告'라는 강조된 카피와 함께 "시용후試用後 영효靈效의 유무有無를 비판批判하시오"라고 마무리하고 있다는 점이다. 이로 미루어보면, 아마도 '후미나인'은 이때까지 국내에서 정식 발매되지는 않았고, 홍보를 위한 시용품試用品으로 유

그림 8 『동아일보』 발모 내복약 광고(1925.1.12)

통되기 시작한 듯하다. 하지만 이후 1929년, 1938년의 광고(그림 6·7)를 보면, 각기 "도처到處 약점藥店에 있습니다", "전국도처全國到處의 약점藥店에 있음"이란 표현이 있으니, 이미 전국 각처에서 판매하고 있음을 알 수 있다. 특히 가격(그림 6·7)을 보면 '후미나인'의 가격은 용량에 따라 50전錢, 90전, 1원圓 60전, 3원, 5원 50전이었다. 김명환의 고증에 따르면, 그중 5원 50전짜리 한 병은 현재 가치로 약 11만 원이나 하는 고가였고, 이를 보면 '후미나인'은 분명 상당한 가격의 약품이었지만, 전국 약점藥店에서 살 수 있을 정도로 대중적 약이 되어 있었던 것이다.[21]

그리고 이 같이 바르는 약, 즉 도포제塗布劑였던 '후미나인' 외에, 내복內服하는 발모제도 이미 출시되어 있었다. 1925년 1월 12일 자 『동아일보』에 실린 '내복유효內服有效한 모발촉생제毛髮促生劑의 발견發見'이란 제목의 광고엔 다음과 같은 카피가 보인다(그림 8).

과학科學이 산출産出한 문화文化의 사물賜物. 결코 불가사의不可思議가 아니오, 합리적合理的인 그 유명彼有名한 독일獨逸의 생리학자生理學者 엔뚠뜨 박사博士는 영양법營養法에 의依하야, 모발발생毛髮發生을 촉진促進하는 방법方法을 과학계科學界에 보고報告하야 상찬賞讚을 널리 받은博得일이 있다. 원래元來 모발毛髮의 탈락脫落과 독두禿頭를 예방豫防하며 혹或은 해당부위當處에 약액藥液을 도포塗布하야 자극刺戟케 하거나 또는 일반강장제一般强壯劑를 쓸 뿐이오, 특特히 모발毛髮에 대한 영양료榮養料로써 근본적根本的으로 철저徹底히 이것을 촉생促生케 하는 점點에 있어서는 종래從來는 너무나 등한시等閑視되었다. 아닌게 아니라 실제 효과效果 있는 방법方法을 발견發見치 못하였다 함이 가可할 것이다. (…중략…) 모발毛髮이 희박稀薄한 사람人, 독두禿頭의 사람人, 탈모脫毛하기 쉬운 사람人, 부인婦人의 ○부○部에 희모稀毛한 사람人, 병후病後에 모발탈락毛髮脫落한 사람人 등等은 남녀男女를 물론勿論하고 누구든지 이 최신발견最新發見인 할토인Hartonin을 복용服用함으로써 인因하야, 이러한此等 불행不幸을 만족滿足케 할 수 있는 이 제품該品은 보통 재래在來의 매약賣藥이 아니라 참으로 합리적合理的 모발영양료毛髮榮養料로서 가치價値있는 것인 즉, 약約 일개월간一個月間 복용服用할 삼백정짜리三百錠入를 일금金 오원五圓에 분양分讓합니다.

이 광고는 "해당부위當處에 약액藥液을 도포塗布하야 자극刺戟케 하거나"라고 하면서 이미 앞서 있는 도포형 발모제에 대해 견제를 가하고, 다른 복용형 발모제에 대해서는 '일반강장제一般强壯劑'일 뿐이라고 가치를 폄하하고 있다. 특히 독일의 의학박사가 최근 새롭게 발견한 신물질 성분[22]이 사용되었음을 강조하고 있는데, 한달치 가격이 5원이라면 현재 가치로 약 10만 원에 달하는 고가였다. 하지만 이 발모제는 국

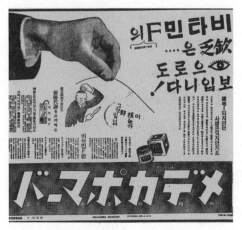

그림 9 『조선일보』 '메데카포마도' 광고(1939.4.28)

내에서 직접 판매하는 것이 아니라, 직접 일본에 주문을 넣거나 대행판매하는 일본약품양행 日本藥品洋行을 찾아가야 할 만큼 국내 판매망이 구축되지 않았고,[23] 이후로도 눈에 띄지 않는 것으로 보아 결국 인기를 끌지는 못했던 것으로 보인다.

그리고 1930년대 미국에서 본격적으로 상용화된 '비타민F'를 기반으로 한 발모제 '메데카포마도メデカポマード'가 선보이기도 했다. 1939년 4월 28일 자『조선일보』광고(그림 9)를 보면, 비타민F 결핍이 탈모의 원인 중 하나이며, 지용성 비타민인 비타민F를 공급해주면 "두피세포의 지방성 신진대사를 좋게" 할 수 있다고 주장하고 있다. 광고를 보면 비타민F는 미국 스탠포드대학의 '에반누' 씨·'마괴' 씨 등이 처음 발견한 것이며, 피부세포의 증식 및 모근 강화에 "가장 중요한" 지용성 비타민이라고 기술하고 있는데, 사실 여기에는 몇 가지 착오가 있다. 사실 비타민F는 20세기 초제1차 세계대전 시기 유럽에서 이미 발견되었던 것이고, 이후 연구를 통해 비타민이 아니라 필수지방산임이 확인되어, 더 이상 '비타민F'이라 불리지 않고, '리놀레인산Linoleic acid'이라고 불린다. '비타민F', 즉 '리놀레인산'은 기본적으로 식물기름에 들어 있는 항피부염 인자이기에, 피부 염증에 탁월한 효능이 있는 것으로 알려져 있다. 한마디로 피부 자체에

좋은 것이라, 피부 트러블로 인한 탈모인 경우에 한해 어느 정도 탈모를 예방하거나 회복시킬 수 있을 뿐, 새로운 발모를 직접적으로 이끌어 낼 수 있는 것은 아니었다.

탈모의 유형화

이후 광고를 통해 확인되는 탈모와 대머리에 대한 인식의 변화는, 탈모의 유형화가 제시되었다는 점이다. 바꿔 말하자면 대머리의 상태에 대한 구별을 통해, 대머리의 유형을 구체화했다는 말이다. 그 단적인 예가 일본 산쿄제약三共製藥이 개발한 발모제育毛剤, いくもうざい '요모토닛쿠ヨモトニック'의 광고다(그림 10). 이 '요모토닛쿠'는 1922년 출시된 이래 일본에서 상당히 큰 인기를 끌었던 제품이라, 워낙 대중적으로 인지도가 높다 보니, 이후 아예 발모제의 대명사처럼 사용되기도 했다.[24]

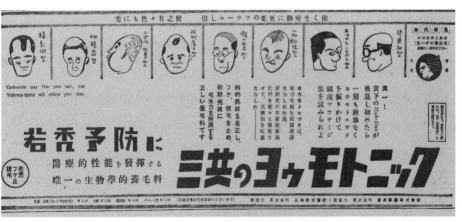

그림 10 『요미우리신문』, '요모토닛쿠' 광고(1936.2.10)

이와 같은 유형화 광고는 1회에 그치지 않고 여러 차례 변용되며 활용되었다.[25] 게다가 당시 산쿄제약은 일본제국의 제약업을 선도하는 기업 중 하나였기에, 이런 광고들은 나름 당시의 대머리에 대한 인식을 주도하면서 동시에 표상해 주고 있다고 볼 수 있다. 또한 "의료 성능을 발휘하는 유일한 생물학적 발모제"醫療的性能を発揮する唯一の生物学的養毛料라는 카피만 봐도, 다른 발모제와 비교를 거부하는 유아독존격인 자부심(혹은 허세)까지 엿볼 수 있다.

광고를 통한 이 같은 대머리 유형화는 대머리를 대상화하고 타자화한다. 고대 그리스 메가라 학파의 에우블리데스가 던진 '대머리 phalakros의 역설'[26]에서도 알 수 있듯이, 당초 지극히 주관적인 감각 영역의 판단 문제였던 것이 객관적인 인식 영역의 유형으로 치환된 것이다. 좀 더 풀어서 말하자면, 한 개인의 몸을 놓고 볼 때, 건강이나 목숨을 위협하는 질병이 아니라, 대부분 그저 노화나 유전적 요인으로 발현되는 현상에 불과한 탈모를,[27] 근대인의 미적 기준에 의거해 부정적인 단점으로 인식하게 만들고, 이를 유형화하여 개개인의 탈모 형태를 그 유형에 예속시켜버린다. 사실 대머리의 유형 구분은 탈모 치료와 아무 연관이 없다. 유형별로 대응방식이나 처방이 따로 있는 것이 아니며, 어차피 모두가 발모제 '요모토닛쿠'를 바를 필요가 있다는 결론으로 귀결되기 때문이다. 결국 이러한 유형화는 어떤 유형의 대머리든지 무조건 발모제 '요모토닛쿠'를 통한 치료가 필요하다는 인식의 전환을 위한 하나의 수단에 불과한 것이며, 제품의 판촉을 위해 일종의 인식틀로서 발명된 것이다.[28] 하지만 발모제의 극히 제한적인 효과 때문에, 이러한 대머리의 유형화는 다른 근대 약품이 의학적 권위나 지식을 광고에 활용해 폭넓게 얻었던 권위와 호응을 확보하진 못했다.

탈모脫毛와 탈모脫帽 – 근대 의학지식과 모던 패션의 중첩

근대 한국의 행세깨나 하는 남성들 사이에선 착모着帽, 즉 모자 쓰기가 상당히 유행했다. 그 이유에 대해 목수현은 이렇게 설명했다.

> 상투머리를 틀었을 때에는 갓이나 초립 등으로 머리를 감쌌던 사람들은 단발의 민머리를 감쌀 무엇인가가 필요했고 모자는 쉽게 그 자리를 차지할 수 있었기 때문이다. 광고가 성행하기 시작한 1900년대 후반에 등장하는 인물들은 양복에 실크햇을 쓴 서양 복식의 모습으로 나타나는데, 이러한 차림으로 '신사紳士'의 유형학을 제시하고 있다. 양복점 광고에 등장하는 인사들의 모습도, 주안점은 양복이지만 머리에는 중절모를 얹고 있는 차림이 마치 패션의 완성은 모자에서 이루어진다는 것을 보여주는 듯하다.[29]

하지만 1930년대 들어 다시금 탈모脫帽, 즉 모자 벗기가 일종의 운동처럼 번지기 시작한다. 흥미롭게도 김명환은 1930년대 전후로 흔해진 발모제 광고를 근거로, 이 시기 한국에서 특별히 탈모에 대해 관심을 갖게 된 이유를 이렇게 추정했다.

갓·망건·족두리 등 머리에 무언가를 쓰던 시대가 끝나고 단발·맨머리의 근대로 접어들면서 모발의 상태가 확실히 드러나게 된 사정과도 무관하지 않은 것으로 보인다. (…중략…) 개화 이후 갓이 사라졌어도 한동안 중절모, 맥고모자, 파나마모자 등 모자를 쓰는 게 일반적 차림새여서 벗어진 머리를 가릴 수 있었으나, 모자를 벗는 새 유행은 탈모증 환자들을 불편하게 했을 것이다. '탈모脫帽' 때문에 '탈모脫毛'에 대한 관심이 늘어난 셈이다.[30]

이 같은 탈모脫帽 유행의 이유는 크게 두 가지로 추릴 수 있다. 첫 번째는 탈모脫帽가 이른바 '모던 풍경風景', 즉 근대화를 상징했다는 점이다. 1931년 4월 16일 자 『조선일보』의 기사(그림 11)를 보면 "오랫동안 일본과 구미 각국에서 중등교육을 연구하고 돌아온 김여제金輿濟"가 경북 정주 오산고등학교 교장으로 온 뒤 "일반 학생들에게 오산 시내에서는 탈모를 하여도 좋고, 머리를 좀 길러도 무방하다고 선언"한 것에 대해, 시기상조니 풍기문란이니 하며 반대하는 이들이 있다는 기사다. 분명한 것은 이러한 탈모와 장발 허용의 시도가 국내에선 심한 반발을 야기할 정도로 매우 낯설고 비상식적인 시도였으며, 이를 해외 선진국에서 들어온 '모

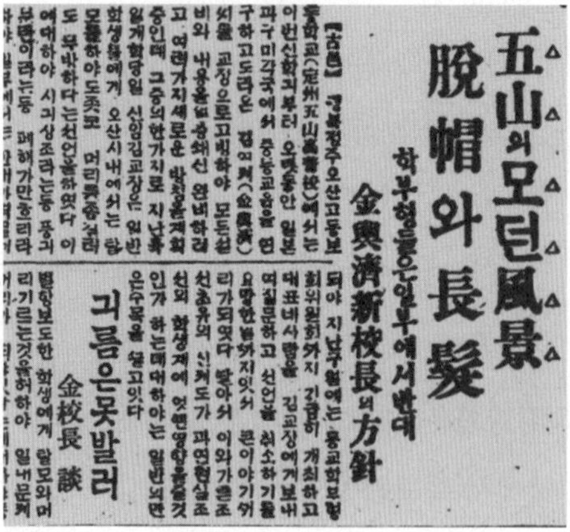
五山의 모던風景
脫帽와 長髮
학부형들은 일부에서 반대
金興濟新校長의 方針
긔름은못발러
金校長 談

그림 11 『조선일보』의 기사(1931.4.16)

던'한 유행이라 간주했다는 점이다.

그리고 1938년 8월 5일 자 『조선일보』의 '철저한 탈모주의 여름에는 쉬는게 어때요'란 기사를 보면 "벌써부터 젊은 남자들 사이엔 소위 무모주의無帽主義란 것이 유행된 지 오랩니다. (…중략…) 현재에 있어서도 미개한 노인들은 새털로 모자 같은 것을 만들어 쓰지만 대체로 모자는 쓰지 않는 것이 좋습니다"라고 말한다. 모자를 쓰고 벗는 문제를 신구문물新舊文物의 구분점, 혹은 미개未開와 개화開化의 분별점으로 인식하고 있는 것이다.

그림 12 『신세이넨(新青年)』에 실린 '요모토닉쿠' 광고(1938.1)

심지어 군인들 중 대머리가 많은 이유도 그들이 늘 모자를 쓰고 있어서라고까지 말하고 있는데, 이것이 바로 탈모脫帽의 두 번째 이유다. 즉 모자를 벗고 적외선이나 자외선을 쬐어야 두발 건강이 좋아지며, 대머리를 예방할 수 있다는 논리였다. 1935년 6월 7일 자 『조선일보』의 '보기 흉한 대머리 유전 아니면 고칠 수 있다 탈모脫帽는 좋으나 뇌에 나뻐'라는 기사나 1936년 8월 15일 자 『조선일보』의 '모자는 무용無用의 것. 맨머리로 나다니자. 모자 장사들은 대공황이겠지만 대머리 치료엔 가장 유효'란 기사를 보면 두발 건강을 위해 모자를 쓰지 말아야 한다는 주장이 보인다.

이에 모자를 쓰지 말자는 주장이나 행동을 아예 탈모주의脫帽主義, 혹은 무모주의無帽主義라고까지 부르기도 했다. 심지어 스스로를 '탈모주의자脫帽主義者'라고 칭하는 이까지 있었다.[31] 그리고 이런 생각은 여타 근대적 유행과 마찬가지로 주로 일본을 통해 들어온 새로운 유행이었다. 1938년 1월에 나온『신세이넨新青年』에 실린 '요모토닛쿠' 광고(그림 12)를 보면, 발모제가 '노 핫토No hat주의자'ノーハット主義者, 즉 모자를 쓰지 않는 '탈모주의자脫帽主義者'의 필수품이라고 주장하고 있다. 이처럼 탈모脫帽와 탈모脫毛 간의 긴밀한 역학 관계는 근대 의학지식의 지향점과 모던한 유행의 지향점이 중첩된다는 사실을 우리에게 여실하게 확인시켜 준다. 이는 김명환이 말했던 것처럼 일방적으로 '탈모脫帽'라는 모던한 유행으로 인해 '탈모脫毛'나 '발모發毛'에 관심을 갖게 되었던 것이 아니라, 쌍방향으로 의학적인 관점에서 '탈모脫毛' 예방을 위한 '탈모脫帽'의 실천까지도 동시에 하게 되었던 것이다. 바꿔 말하자면, '탈모脫帽'와 '탈모脫毛'는 서로 영향을 주고받는 상호 연동관계였고, 동일한 근대라는 인식틀, 혹은 인식 기제機制 하에서 맞물려 작동하고 있었던 것이다.

발모와 미용, 그리고 젠더

그런데 근대 동아시아에서 유독 일본의 발모제 광고에서 특이한 점이 한 가지 있는데, 그것은 바로 일반적으로 발모제 하면 주로 남성을

1902년 7월 28일 자   1933년 3월 5일 자

1936년 6월 3일 자   1937년 3월 8일 자

1937년 3월 31일 자

1939년 10월 15일 자   1941년 2월 7일 자

그림 13 『요미우리신문』에 실린 여성 이미지의 발모제 및 발모 상담 관련 광고들

위한 '해피 드러그'라고 여겨지는 것과 달리, 광고에 여성 이미지를 사용하는 경우가 잦았다는 점이다. 이는 『요미우리신문』에 실렸던 발모제 및 발모상담 관련 광고의 내용이나 빈도수를 보기만 해도 쉽게 확인할 수 있다(그림 13).[32] 일단 이 같은 상황은 당시 여성의 탈모는 남성에 비해 유전적으로 훨씬 적지만, 드문 만큼 오히려 더 심각한 문제였기에, 발모에 보다 절실한 대상이었기 때문일 것이다. 그리고 특히 머리가 아닌 신체의 다른 부분에 털이 있어야 할 곳에 없는 것 역시 문제가 되었던 것으로 보인다. 위 광고(그림 13) 중 1933년 3월 5일 자 광고나 1937년 3월 31일 자 광고를 보면 여성만의 탈모의 고통과 발모의 필요성을 강조하고 있다. 사실 이러한 수요는 국내에서도 제기된 적이 있다.

『동아일보』에 실린 독자와의 문답을 보면, 한국에서도 발모에 관한 여성의 고문이 적지 않음을 발견할 수 있다. 1927년 2월 19일 자 '가뎡고문'란을 보면, 23세의 여자가 이마가 너무 넓어 '후미나인'을 발라보았으나 효과가 없다며, 어떤 약을 써야 하냐고 물으니, 의사가 아무런 약도 소용없다고 알려주는 내용이 실려있다. 그리고 1934년 1월 2일 자 『동아일보』 '지상병원紙上病院'란에는 심지어, 25세의 여자가 음모陰毛가 없어 고민이라 '후미나인'을 좀 써봤지만 효과가 없다고 얘기하니, 산부인과 의사가 음모가 나게 하는 약은 없다고 단언하는 경우도 보인다(그림 14). 이를 보면 알 수 있듯이 한국에서도 발모제의 사용자가 남자에 국한되어 있지 않았으며, 발모 희망 부위가 머리에만 국한되었던 것도 아니었다.

앞서 살펴본 광고 중에서, 『동아일보』 1929년 10월 25일 자의 '후

미나인' 광고(그림 6)를 보면, '남
녀男女의 털이 있어야 할 곳에 털
이 없거나 성글어진無毛薄毛' 경
우까지도 후미나인을 즉시 사용
해야 한다고 하고, 『조선일보』
1938년 10년 15일 자의 '후미나

인' 광고(그림 7)에서도, 남녀의 (털이) 날 곳에 (털이) 나지 않거나 다른
곳의其他 털이 적어서 보기 흉한 사람을 곧바로 사용하라고 하고 있다.
『동아일보』 1925년 1월 12일 자 발모제 광고(그림 8)에서는 아예 "부인
婦人의 ○부○部에 희모稀毛한 사람ㅅ"이라면 사용해야 한다고 말하고 있
다.[33] 그런데 이런 카피는 사실 진작 일본 광고에서 나왔던 표현들을 거
의 그대로 베껴온 것이다. 따로 찾을 필요도 없이 이 글에서 다룬 자료
만 봐도, 남녀男女의 털이 있어야 할 곳에 털이 없다는 표현은 『요미우
리신문』 1902년 7월 28일 자 광고에 보이고(그림 13), 음부陰部 운운한 표
현은 1892년 9월 11일 자 광고에 보인다(그림 4). 이처럼 한국의 경우도
여성 역시 발모제의 수요자로 간주하고 홍보하고 있었지만, 일본처럼
광고 자체에 여성의 이미지를 적극 활용하지는 않았고, 여성 관련 카피
도 대부분 일본의 광고 카피를 그대로 베낀 것이었다.

　　그리고 상술했듯이 한국에서 가장 유행했던 일제日製 발모제인
'후미나인フミナイン, Fuminain'을 보면, 상품명 자체가 아무래도 'fuminine
여성적인'이란 영어를 음차音借한 것으로 추정된다. 당초 '후미나인'의 일
본 광고만 봐도 남성보다 여성 그림이 더 많이 들어가 있는 것이, 이러

그림 15 『요미우리신문』 '후미나인' 광고(1924.4.24)

한 추정을 뒷받침해준다.

하지만 어떤 이유에서인지 이러한 '후미나인' 광고는 1924년 4월에 주로 쓰이다가(그림 15) 이후 5월이 넘어가면서부터는[34] 그림 없이 글씨로만 구성된 작은 광고가 주를 이루게 되었고, 한국의 '후미나인' 광고 역시 이러한 일본의 것을 그대로 따랐다. 1930년대 말엽부터 일본의 '후미나인' 광고 역시 여성 이미지를 위주로 하는 경우가 종종 보이기 시작했지만, 한국은 이러한 변화가 없었다.

발모제가 거의 모발보호 및 모발영양제와 중첩되는 독특한 광고도 눈에 띈다. 1936년 3월 6일 자 '난바완ナンバーワン, Number one' 광고를 보면(그림 13), '모생毛生' 운운하지만 구체적인 내용은 파마처럼 열을 사용해 머리를 꾸밀 때 머리카락을 보호하는 기능을 가진다. 이는 탈모 자체를 막거나 이미 빠진 부분의 머리카락이 자라나는 것에 주목한 것이 아니라, 머리를 꾸미다가 머리카락이 뽑히고 끊어지는 경우를 방지하기 위한 용도를 강조하고 있는 것이다. 이처럼 일본의 경우 발모제를 — '난바완' 정도는 아니어도 — 거의 미용美容의 관점에서 접근하는 광고도 종종 보이게 된다.[35]

이 같은 경향은 『요미우리신문』의 1931년 12월 16일 자(그림 16)
및 1937년 3월 31일 자와 1941년 2월 7일 자(그림 13) '요모토닛쿠' 광고
에서 보다 더 두드러진다. 이는 발모제가, 탈모에 대한 적극적 대응으
로서의 기존 역할로부터 점차 ―주로 여성의 ―미용을 위한 용도까지
확대되며 점차 모발영양제와 중첩되는 부분이 늘어나고 있었음을 의
미한다. 달리 보자면, 이는 해피 드러그로서 온전한 근대적 신체를 지
향하는 발모제의 타고난 숙명인 동시에, 실제 발모 효과에 대한 현격한
한계로 인한 부득이한 전환이기도 했다.

미완未完의 과학, 미만未滿의 욕망

1927년 4월 13일 자 『조선일보』의 '리발사의 팔을 보고 모발이식
을 연구'란 기사를 보면 이런 소식을 전하고 있다.

도쿄시東京市 위생과장 시모죠下條 박사는 모발의 이식술移植術을 완성
할 목적으로 현재目下 연구 중이라는데 (…중략…) 다음과 같이 말했다.

"어떤 리발사理髮師의 팔에 이상한 털이 난 것을 발견하고 그것을 조사하여 본즉, 머리 깎을 때 떨어진 머리카락이 모르는 사이에 피부에 박혀 마치 식목한 것처럼 모근毛根이 피부에 생장한 것임을 알게 되었다. (…중략…) 식모植毛하는 것도 결단코 불가능한 일은 아니라고 믿는 바이다."

어찌 보면 지금은 보편적으로 시행되는 모발이식술을 미리 착상着想한 것이라 볼 수도 있지만, 그 근거를 보면 황당하기 짝이 없다. 이발사들의 팔에 털이 많은데, 그 이유가 고객의 머리를 깎으며 튄 머리카락들이 이발사의 팔에 뿌리 내려 자라났다는 것이다. 근대의 과학이 현대의 관점과 기준으로 보면 틀린 것이 적지 않다는 것은 너무나

그림 17 『조선일보』 기사(1931.4.10)

당연한 일이지만, 특히 발모제에 있어서는 더더욱 문제가 되는 것은, 아직까지도 탈모라는 문제를 제대로 해결을 못하고 있기 때문이다.[36]

발모제는 근대 과학이라는 포장으로 나름 세인世人의 주목과 인기를 끌었지만, 과학에 기댄 만큼의 성과를 거두지는 못했다. 근대 과학 성과를 담아내고 있는 듯한 인상을 당시 대중들에게 각인시켜 비교적

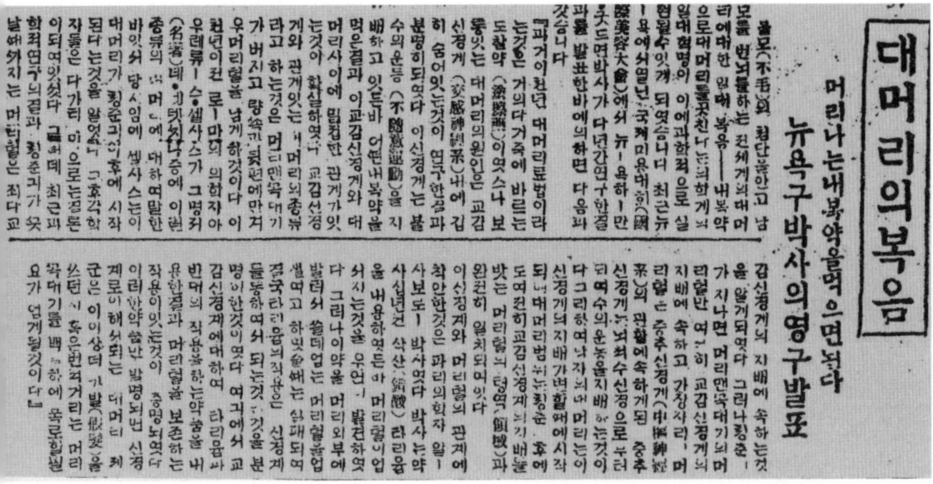

그림 18 『조선일보』 기사(1936.11.8)

고가인데도 원활한 소비가 이루어지게 만들었지만, 결국 발모제를 통한 탈모 방지와 발모 촉진이라는 소기의 목적을 만족할 정도의 수준까지 달성할 수는 없었기에, 각박하게 따지자면 일종의 유사과학 수준에 머물 수밖에 없었다.

『조선일보』 1931년 4월 10일 자 기사(그림 17)나 1936년 11월 8일 자 기사(그림 18)를 보면 미국에서 발모發毛 촉진으로 대머리를 면하게 해 줄 수 있는 내복약이나 기계가 개발되었다는 소식을 '대머리의 복음' 운운하며 전하고 있지만, 언제나처럼 실질적인 결실을 맺지는 못했다. 가정에 근거해 언뜻 나선 단순한 도전에 대해, 강렬한 욕망과 섣부른 예측이 더해져 낳은 해프닝일 뿐이었다.

1936년 7월 25일 자 『동아일보』의 「머리가 나는 약毛生藥 새로 발명되었다는 사기詐欺新發明」 기사를 보면 아예 가짜 약을 만들어 사기를 치다가 체포당하는 경우도 있었다.[37] 하지만 더 중요한 것은 한국에서 가장 널리 팔렸던 '후미나인'조차 별무효과라는 불만이 보인다는 점이다. 『동아일보』에서 독자들의 질문에 답해주는 꼭지를 보면 실제로 '후미나인'에 대한 불만이 보인다.

1927년 10월 22일 자 『동아일보』의 '가뎡고문'란의 문답을 보면, 21세의 청년이 2~3개월 전부터 머리가 갑자기 듬성듬성 빠지기 시작해 보기 흉한데 혹시 벌레 탓이 아닌가 물어보니 정확한 진료로 이유를 확실히 알아봐야 한다고 충고하면서 "빠진 머리를 나게 한 것도 의사의 처방이라야 합니다. 파는 약賣藥은 믿을 수가 없습니다"라고 하면서도 "파는 약인 후미나인 또는 모생수毛生水 등도 어떤 경우에는 효력이 있기도 합니다"라고 답해 주기도 한다. 또 1937년 11월 11일 자 동 신문의 '지상병원'란을 보면, 23세의 미혼 청년이 대머리라 후미나인을 두 병이나 발랐건만 아무 효과가 없으니 다른 것을 추천해 달라고 부탁하니, 의사는 앞머리가 벗겨진 것은 선천적 유전이 많으며 여러 약을 써 봐도 별다른 효과를 보지 못할 것이라 답해 주는 내용도 보인다.

이처럼 발모제는 근대화된 몸의 인식과 함께 등장하게 된 다른 해피 드러그들과는 차이가 있었다. 근대 들어 위생 관념의 보급 및 위생 설비의 구축과 함께, 나름의 과학적 근거를 가진 해피 드러그들이 성행하게 되는 과정 속에서, '진탄仁丹: 즉 은단'이나 영양제 등의 상품들은 육체의 건강을 강조하며 판매에 열을 올렸고, 사람들 역시 이에 호응하며 열광하게 되었다. 발모제 역시 기본적으로는 이러한 궤를 따른다고 할 수 있지만, 완전히 일치하지는 않았다. 표면적으로는 두피의 살균, 풍부한 영양 공급, 원활한 혈액 순환 같은 의학적인 논리를 끌어다 발모發毛의 원리를 설명하고, 해외 유수 연구소나 의학박사의 권위를 빌어와 이것이 근대 과학의 성과임을 주장하려 했다. 그러나 궁극적으로 발모의 여부가 직접적으로 육체의 건강과 관련이 없는 경우가 다반사였다. 바꿔 말하자면, 한마디로 극심한 스트레스나 피부질환에 의한 예외적인 경우를 제외한다면, 탈모란 불건강한 상태가 아니었던 것이다.

그래서 발모제는 여타 해피 드러그에 비해, ― 질병으로서 설명하려는 갖은 시도에도 불구하고 ― 근대라는 틀 안에서 육체의 건강보다는 외모의 아름다움에 치중할 수밖에 없는 한계를 가지고 있었다. 언제나 발모제의 존재 이유에 비해 실제 효능이 너무나 미흡했기 때문이다. 사람이 발모제를 사용해 획득하려 하는 모발의 상태와, 실제 발모제가 실현해 줄 수 있는 발모 효과 사이에는, 21세기에 접어든 지금까지도 엄연한 괴리가 존재한다. 모발의 결여缺如라는 상황은, 정교하게 장착이 가능한 가발假髮과 획기적인 모발이식 기술의 발달로 오히려 손쉽게 해결할 수도 있게 되었지만, 그럼에도 불구하고 본질적인 해결을 위한 '발모'의 욕망은 여전하다.

동서고금을 막론하고 전통적으로 탈모와 대머리는 정상의 결핍이요 보완의 대상이었고, 이는 근대에 이르러서도 별다른 변화가 없었다. 이러한 상황 속에서 근대적 발모제는 보다 나은 삶을 영위하기 위한 '해피 드러그'로서의 성격을 가지게 된다.

근대적 발모제는 미국이나 일본의 권위 있는 의학박사의 발명품으로 소개되며, 당시의 과학적인 상식에 근거해 탈모의 원인을 해결하고 발모의 효능을 발휘할 수 있다고 광고를 통해 폭넓게 소개되었다. 바꿔 말하자면 근대적 발모제에 대한 인식 자체가 동아시아 과학적 상식 보급과 근대화와 보조를 맞추고 있었다. 또한 개인의 느낌에 불과했던 탈모 현상이 각종 유형으로 정의되며 타자화되기도 했다. 특히 근대 과학 상식에 근거한 탈모脫毛 방지 노력이 탈모脫帽라는 모던 패션과 맞닥뜨려, 모자를 쓰지 않으면 체통을 잃는다고 여겼던 전통적인 남성의 복장의식을 변화시키기도 했다.

그런데 근대적 발모제는 다른 여타 일반적인 '해피 드러그'와는 달리 광고하는 기대 효능과 실제 효능 사이에는 현격한 괴리가 존재했다. 한 마디로 약을 사용한 인위적인 '발모發毛'는 지금까지도 실현하지 못하는 미답未踏의 영역이기에, 발모제 역시 '근대 과학'의 세례에도 불구하고, 대부분의 경우 위약僞藥에 머물 수밖에 없었다. 당초 남성의 대머리만이 아니라 남녀 신체 모든 부위의 탈모를 대상으로 했던 발모제는, 이 같은 실제 효능의 한계로 말미암아 점차 미용을 위한 용도가 강조되어 심지어 모발영양제의 성격이 부여되기 시작하고, 보다 더 여성성이 강조되기도 했던 점이 당시의 광고에도 여실이 반영되어 있다.

탈모와 발모에 대한 과학적 분석과 성취의 미흡으로 이 같은 한계를 지니고 있었던 발모제였지만, 끊임없이 사랑받고 소비되어 온 이유는, 발모에 대한 인간의 끈질긴 욕망 때문이었다. 그리고 이러한 욕망에 의해 추동되는 근대적 발모제의 연구와 발명은 지금까지도 계속되고 있다.

이영섭

제4장

인삼에서 'Ginseng'으로

Made in Choseon의 해피 드러그

대중 소비시대의 도래

1908년 디트로이트 T형 자동차 공장에서 돌아가기 시작한 컨베이어 벨트는 대중소비사회를 향한 혁명의 시작이었다. 하루 두세대의 자동차를 겨우 생산하는 데서 수천 대를 만들 수 있게 되면서 자동차 가격이 현저히 떨어졌고, 부자들의 장난감은 일반 서민들도 몇 개월 고생하면 구입할 수 있는 일용품으로 바뀌었다. 자동차의 대중화는 사회 곳곳에 커다란 변화를 가져왔다. 일자리 창출뿐 아니라 도로가 확장되면서 거주지 외의 지역으로 여행과 쇼핑을 즐기는 인구가 비약적으로 늘었다. 다른 제조업 분야에 활용되기 시작한 대량생산 방식은, 인종, 성별, 직업, 소득, 거주지를 뛰어 넘은 사람들, 즉 대중이 동 레벨의 소비수준에 있는 대량소비사회Mass Consumption Society의 출현을 가능하게 하였다. 더욱이 제1차 세계대전의 전쟁특수와 맞물려 1920년대에 그야말로 생산자에게나 소비자에게나 '황금의 시대'가 도래한 것이다.

물질적 풍요는 소비에 대한 욕망을 자극하는 가장 기본적인 조건

그림 1 『동아일보』에 실린 첫 포드 전면광고(1928.2.23)

이다. 가정에서 일손을 덜어주는 편리한 가전제품, 여가시간을 즐기게
하는 대중문화, 건강한 신체를 위한 스포츠에 대한 욕구에, 전쟁의 선
전술에서 차용된 광고는 마치 불꽃에 기름을 붓는 것과 같았다. 1920년
대 소비를 향한 대중의 욕망은 식민지로 전락한 조선에서도 끓어오른

다. '박래품舶來品' '양품洋品'이란 이름으로 제국 일본을 통해 들어오는 상품의 소비는 '신세계'의 문명을 체감하는 지름길이기도 했다. 대중소비사회의 상징이 된 포드 자동차 광고는 1928년 2월 23일 자『동아일보』에 전면광고로 등장한다. 또 아래 신문기사는 '모던 걸' '모던 보이'가 되고 싶은 조선인들의 욕망을 그대로 보여준다.

　　요사이 우리 사람들은 외국 물건이라 하면 입 다 거물고 다투어서 쓰는 경향이 있으며 그와 동시에 같은 외국 물건이라도 기어이 본정本町 등지에 가서 사오는 형편이 많다 (…중략…) 본정 2정목에 있는 어떤 일본인 잡화점에서는 대략 매일 천여 원 가량의 물건을 판다는데 그 중에 육할 가량은 조선 사람이 사간다 하며 또는 삼월三越 오복점 경성지점에서도 그 고객을 조사하여 보면 그 반수 이상이 조선 사람이라 하며 (…중략…) 대판옥호大阪屋號, 일한서방에서 (…중략…) 책을 사 가는 사람 중에 오할 이상이 모두 조선 사람이라 한다(「상점의 고객」,『동아일보』, 1922.11.22).

이 글에서는 이상과 같은 대중소비의 동시대성을 염두에 두면서, 박래품이 아닌 전통약재였던 인삼이 근대적 상품으로 변화하고 대중에게 재인식되는 과정을 고찰하고자 한다. 다시 말하면 전통 한의학에서 '만병의 영약'으로서 높은 위상을 점하고 있던 인삼이 근대 소비 공간에서 과학과 만나 의약상품으로 탄생하는 과정을 통해, 당시 주요한 근대 문명의 담론이 '건강한 몸'에 어떻게 투영되어 가는지, 그 과정에서 상품 광고가 어떻게 관여하는지를 살펴보고자 한다. 근대 문명담론과 맞물려 등장한 '모던 상품' 중 가장 대표적인 것이 '해피 드러그happy drug'이다. 해피 드러그란, 그 이름처럼 질병 치료가 아닌 삶의 질 개선에 목적을 둔 약품을 뜻한다. 이는 또한 우등과 우성의 '은유'로서 건강의 가치가 확고하게 정립되어 가는 근대의 산물이라 할 수 있다.

당시 신문광고란에서 의약품 광고는 상당히 높은 비율을 차지하여 쉽게 접할 수 있는데, 근대 의학 즉 과학의 발전은 식민지 일반대중들의 의약품 수용을 뒷받침하는 가장 강력한 배경이 되었다. 전통의학에서 신체는 종종 '소우주'로 표현된다. 이는 유학의 핵심인 천인상관天人相關의 관점에서 신체의 오장육부를 각기 목화토금수의 오행五行으로 인식하는 것이다. 따라서 이러한 사고를 바탕으로 하는 질병이란 오행의 순환이 막히는 것이며, 질병 치료는 그 흐름을 원활하게 하는 것이다. 그러나 근대 문명론의 차원에서 신체는 오행의 흐름을 갖춘 천인상관의 주체가 아니다. 전통 한의학과 양의학의 차이는 이른바 '과학적' 담론의 출현으로 구별된다고 할 것이다. 과학적 지식은 상품 소비의 근거가 되었을 뿐 아니라, '문화인'이라면 당연히 갖추어야 하는 교양이 되었으며 이는 일상 가정생활을 '똑똑하게' 영위하는 방법으로 일반화되어 갔다. 근대 과학이라는 무기는 근대의 '발상지'인 서구의 언어를 통해 각종 의약품의 성분을 밝히고, 이것이 사람의 몸에 어떻게 작용하는지를 강조하는 방식으로 전통적으로 내려온 식품에 더욱 큰 '권위'를 부여한다.

이러한 배경과 과정에 초점을 맞추어 이 글에서는 오랜 역사를

통해 최고의 자양강장 식품으로서 확고한 지위를 확보한 인삼을 둘러
싼 근대 건강 담론을 살피겠다. 이것은 근대 문명이 도래하여 일상의
큰 변화를 가져옴과 동시에 전통의 계승되는 양상을 밝히는 것이기도
하며, 식민지라는 특수한 상황 아래서 제국일본의 일방적인 전파가 아
니라 소비주체로서 식민지 조선인들에게 자부심을 갖게 하였던 조선
제품으로서의 의의를 찾는 것이기도 하다.

고문헌에 보이는 고려인삼

2015년 면세점 업계에 따르면, 시내 면세점에서 매출 상위권의
top5 상품4개 품목 화장품 중 식품으로는 정관장의 홍삼관련 상품이 유일하
다. 같은 해, Yahoo Japan의 한국관광 관련 검색어에서도 인삼은 4위로
식품 가운데 유일하게 랭크되었다. 또 2019년 새롭게 문을 연 인천공항
입국장 면세점에서도 가장 많이 팔린 식품은 인삼이었다. 이는 인삼에
대한 관심과 인기를 보여주는 사례라 할 것이다.

인삼은 두릅나무과에 속하는 식물로 우리나라 인삼인 고려인삼
외에도 북미산, 중국산, 일본산, 베트남산 등이 있다. 미국인삼은 화기
삼花旗參, 광동인삼, 양삼, 포삼泡參으로 불리며, 중국인삼은 전칠삼田七參,
삼칠삼三七參으로 불린다. 일본인삼은 죽절삼竹節參으로 불리며 이들은
모두 고려인삼과는 원식물이 다른 이종異種이다.[1] 조선시대 문헌에서는
인삼人蔘, 삼蔘, 심深 등으로 표기하였으며, 구한말에 최지혁崔智爀이 편찬

한 『한불자전』1880에는 인삼仁蔘, IN-SAM, Jen-sen이란 표기도 보인다. 일본에서는 삼蔘이란 한자를 쓰는데 당근을 인삼이라고 표기하기 때문에 구별을 위해 고려인삼, 조선인삼으로 부른다.

유구한 역사를 가진 인삼에 대한 기록은 단순한 글자부터 심오한 약효에 이르기까지 시대에 따라 내용이 풍부해진다. 중국 전한前漢 때 사유史遊가 저술한 『급취편急就篇』은 상용한자 1,900자를 사용하여 인명과 물명을 기록한 자서字書인데, 삼蔘이란 이름이 나온다.[2] 이것은 단순히 재료를 열거한 것에 지나지 않으며, 별다른 설명은 보이지 않는다. 후한後漢시기 장중경張仲景의 『상한잡병론傷寒雜病論』이 의약품으로서 인삼처방을 기록한 최초의 기록이라 하지만 원본은 소실되었다. 양梁나라 때인 600년경 도홍경陶弘景이 주석을 단 『신농본초경집주神農本草經集注』[3]는 본초서 중에서 인삼의 효능을 언급한 가장 오래된 문헌이라 할 수 있다. 이 책에서는 "인삼은 맛이 달다. 휘발성이 있어 차게 느껴진다. 주로 오장을 보하고 정신을 편안하게 하며, 혼백을 안정시키고, 나쁜 기운을 없애준다. 눈을 밝게 해주며, 마음을 열어주고, 지혜를 더해준다. 오래 복용하면 수명을 늘여준다"는 서술이 보인다.[4]

우리나라 문헌으로 인삼을 언급한 가장 오래된 것은 『삼국사기』인데, 인삼의 약효가 아니라 "9척의 인삼을 당에 진봉하였으나, 당에서 받지 않다"권10, 「신라본기」소성왕 1년 추7월라고만 나와 인삼 자체가 아니라 인삼이 외교에서 진상품으로 사용된 사실을 알려준다. 고려 때 대장도감1232년 설치에서 발간한 『향약구급방鄕藥救急方』은 조선 초에 두 차례 중간된 의약서인데, 여기에는 약재로서 인삼이 등장한다. 한편 일본의 『속일본기

『續日本記』권13, 천평天平 11년 12월 무진조에는 발해 문왕이 기진몽己珍蒙을 사신으로 보내면서 인삼 30근 등을 진상했다고 나오는데, 이것이 일본에서 인삼에 관한 가장 오래된 기록이다.

약용으로서 인삼의 효능을 총망라한 저술은 널리 알려진 허준의 『동의보감』이다. 1613년에 간행된 『동의보감』은

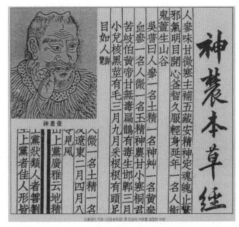

그림 2 『신농본초경집주』의 인삼 약효 설명 부분
(출처 : (사)고려인삼연합회 자료실)

기원전부터 명대까지 약 3,000년간 저술된 중국의약서 83종과 『의방유취醫方類聚』,『향약집성방鄕藥集成方』,『의림촬요醫林撮要』등 조선의약서 3종을 더해, 총 86종의 전래 의약서를 참고하여 지은 25권 25책의 방대한 분량의 저술이다. 중국과 일본에서도 활용되었으며, 현대에도 여전히 한방의학서로 높게 평가를 받고 있다. 2009년에는 예방의학, 공공보건의료 측면에서 가치를 인정받아 유네스코 세계기록유산에 지정되기도 하였다.

『동의보감』에는 인삼 관련 항목이 다수 보인다. 「내경편內景篇」에는 인삼의 약효에 대해 "폐 속의 양기를 보한다", "상초上焦의 원기를 보한다. 달여 먹거나 가루 내어 먹거나 환으로 먹는데, 모두 좋다", "정신精神과 혼백을 안정시키고 경계驚悸를 멎게 하며, 심을 열어 지혜롭게 하고 건망을 없앤다. 인삼가루 1냥과 돼지기름 10푼을 술과 섞어서 100

일 동안 먹으면 하루에 천 마디 말을 외울 수 있고 피부에 윤기가 난다"고 설명하고 있다. 그밖에 인삼을 첨가한 약으로 인삼탕, 인삼고, 인삼환 등에 대해 증상에 따른 처방을 밝히고 있다.[5]

그렇다면 유럽에 인삼이 어떻게 알려지게 되었을까? 포르투갈 출신의 예수회선교사로 중국에서 20년 동안 체류한 알바루 세메두Álvaro Samedo, 중국명 曾德昭, 1585~1658는 저서 『대중국지大中國志』1643에서 아시아의 각종 산물을 소개하면서, 인삼이 중국인들에게 최고의 강장제로 인식되며, 조선의 대중국 조공품목이라고 언급하였다.[6] 한편, 조선에 체류한 경험을 바탕으로 고려인삼을 직접 접하고 기록한 이는 네덜란드 동인도회사 소속의 헨드릭 하멜Hendrik Hamel이다. 하멜이 1668년에 저술한 『하멜표류기』에는 "조선인은 중국에 인삼, 은 등을 가지고 가고 그 대가로 비단 따위나 우리가 일본으로 가져오는 상품들을 가져온다", "인삼은 북부지방에서 발견되며 약으로 사용된다. 매년 청나라에 조공으로 보내며 상인들은 중국이나 일본에 수출한다"는 서술이 보인다.[7] 인삼이 탁월한 약효를 바탕으로 동인도회사를 통한 동아시아 무역에서 빼놓을 수 없는 교역품목이었음을 알 수 있다.

1711년 4월 12일 자로 작성된 「만주 지역 고려인삼 발견보고서」는 프랑스 출신 예수회 신부 피에르 자르투Pierre Jartoux가 쓴 것이다. 이 보고서는 파리에서 처음 인쇄되었고 곧이어 영국 왕립학회가 영문으로 번역하여 발간하였을 만큼 당대 유럽인들에게 큰 관심을 불러 일으켰다. 여기에는 인삼의 생태와 채집 같은 일반적인 사항에 더하여 인삼의 효능과 상세한 그림까지 실려 있다. 약효에 대해서는 "굳어진 뇌 점액

질을 풀어주며, 폐와 흉막의 기능 저하를 올려주고, 구토를 진정시키며, 위장에 활력을 주어 식욕을 돋우며, 나쁜 기운을 흩어지게도 하고, 흉부 기능에 활력을 주며, 짧고 약한 호흡을 정상화시키며, 정신력을 강화시키고, 혈액 중의 림프세포를 증가시키며, 어지럼증과 침침한 시력을 정상화시키며, 노인의 수명을 연장시킨다고 합니다"라고 설명한다.[8]

전근대 일본의 고려인삼에 대한 관심

이상으로 각종 고문헌을 통하여 상약 중의 상약으로서 인삼이 귀하게 인식되었음을 확인하였다. 의학서뿐 아니라 문학작품에서도 인삼이 등장한다. 고구려 때 지어진 작자 미상의 한시「인삼찬人蔘讚」은 송나라 이석李石의『속박물지續博物志』에 처음 나타나며, 명나라 이시진李時珍의『본초강목本草綱目』에도 실려 있다. 인삼의 생태적 특징을 서술한 4언 고시로, 내용은 "세 줄기 다섯 잎사귀 해를 등지고 그늘을 좋아하네, 나를 얻으려면 가수나무 아래서 찾으라三極五葉 背陽向陰 欲來求我 椵樹相尋"[9]이다.

『하멜표류기』에도 나오듯 인삼은 조선과 외국의 외교 의례에 빠지지 않는 물품이었고, 조선에 온 외국 사신들이 탐욕을 드러낼 정도였다. 1602년 명나라 황태자 책봉 사실을 알리려고 온 고천준顧天埈은 압록강을 건너 한양에 도착할 때까지 들르는 곳마다 은과 인삼을 내놓으라고 강짜를 부렸다.『선조실록』에는 "의주義州에서 경성京城까지 천리에 걸쳐 깊은 계곡처럼 무한한 욕심을 가진 고천준이란 자가 마음대로 약탈을 자행하여 인삼·은냥·보물을 남김없이 가져갔으니, 조선 전역 이 마치 병화兵火를 겪은 것 같았다"148권, 선조 35년 3월 19일 신사 기사고 기록 될 정도였다.

일본에서도 고려 인삼의 명성은 널리 알려졌는데, 이것은『동의 보감』이 일본에 전해진 것과 밀접한 관계가 있다. 임진왜란이 끝나고 일본과 국교가 재개된 이후 조선이 일본에 통신사를 파견하였다. 양국 의 지식인들은 필담을 통하여 자국의 의술과 약재에 관한 대화를 많이 나누는데,『동의보감』이란 이름이 일본에 알려진 것도 통신사를 통해 서였다. 인조 14년인 1636년에 조선 사신이 일본에 갔을 때 조선의 의 원醫員 백사립白士立과 일본의 유의儒醫 노마 산치쿠野間三竹가 교토에서 만나 나누었던 필담을 정리한『조선인필담』에서 백사립은『동의보감』 의 간행 사실을 알려준다.[10] 일본에 실제로『동의보감』이 전래된 것은 이 필담 이후 20여 년이 지난 1663년이다. 왜차사倭差使 다치바나 나리 카즈橘成般의 간청에 현종이 하사를 명하여『동의보감』이 전래된 이후, 일본에서 조선산 인삼의 인기는 더욱 높아지며, 다양한 필담자료집에 인삼 관련 기록이 빈번히 등장한다.[11]

예를 들어, 1713년에 간행된『상한의담桑韓醫談』은 1711년 일본에 통신사로 갔던 양의良醫 기두문奇斗文과 기타오 슌포北尾春圃의 필담집인 데 인삼과 사삼沙蔘, 만삼蔓蔘의 구별법과 인삼을 이용한 치료법 등에 대 해 대화가 오갔다. 1748년에 사행한 양의 조숭수趙崇壽와 태의령太醫令 이던 다치바나 겐쿤橘元勳의 의학 관련 문답은『한객필담韓客筆談』에 실려 있다. 다치바나는 조선에서 나는 인삼의 우수성을 언급하면서 인삼의 보관법, 자국의 인삼 제조법, 인삼 잎이 가진 효능 등에 대해 조숭수의 의견을 구하고 "받은 은혜를 매우 고맙게 여기겠습니다"라고 감사인사를 한다. 『동의보감』은 1724년 제8대 쇼군 도쿠가와 요시무네德川吉宗의 명으로 『정정동의보감訂正東醫寶鑑』이란 이름으로 일본판이 간행되었다.[12] 『동의보감』에서 가장 귀한 약재로 인삼을 논하는 만큼, 일본인들의 조선산 인삼에 대한 관심도 더욱 커졌다. 1748년 통신사 사행 기록에는 삼다례蔘茶禮가 자주 등장하는데,[13] 조선의 사신을 접대할 때 일본의 차 대신 인삼을 달인 인삼탕을 올릴 정도로 인삼은 귀한 사람에게 대접하는 진귀한 물품으로 인식되었음을 알 수 있다.

한편, 일본은 조선의 인삼재배 기술을 입수하기 위해 심혈을 기울였다. 인삼 무역의 결제 수단이었던 금은의 유출이 심각하여 재정난이 가중되었기 때문이다. 제6대 쇼군인 도쿠가와 이에노부德川家宣 대에는 보유한 금의 75%, 은의 25%가 인삼 무역에 사용될 정도였다.[14] 일본의 조선산 인삼 수입은 쓰시마번對馬藩이 독점을 하였는데, 수입이 정점에 달했던 1674년에는 한 해 동안 무려 약 4톤6,600여 근의 인삼을 수입하였다. 조선산 인삼을 수입하기 위한 전용화폐도 있었다. 도쿄 니혼바시日本橋에 있는 일본은행화폐박물관에 전시된 '인삼대왕고은人蔘代往古銀'이란 일본사에서 보기 드문 이름의 화폐가 그것이다. 쓰시마번이 인삼대금에 사용했던 보영정은寶永丁銀은 품질이 조악하여 조선에서 거부당하였다. 이를 보완하기 위해 보영정은 이전에 사용된 경장정은慶長丁銀과 동급의 품위를 가진 전용화폐를 주조하게 된 것이다. 이런 사실

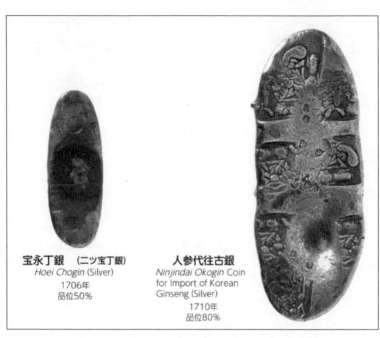

宝永丁銀　（二ツ宝丁銀）
Hoei Chogin (Silver)
1706年
品位50%

人参代往古銀
Ninjindai Okogin Coin
for Import of Korean
Ginseng (Silver)
1710年
品位80%

그림 3 **조선과의 인삼무역에 쓰인 전용화폐**(출처: 일본은행 화폐박물관 도록)

들은 그야말로 당시 일본 전역에 불었던 '인삼 붐'을 실감케 한다. 이때 인삼값으로 유출된 은은 조선에 유출된 은의 총량의 약 40%인 약 9톤 2,500관목(貫目)에 달하였다. 제8대 쇼군 요시무네가 인삼의 국산화를 서두른 배경이 여기에 있다.

　　쓰시마번이 1721년부터 7년 동안 쇼군에게 헌상한 인삼은 생근生根 35개, 종자 60개였다. 1721년에는 조선약재에 대한 조사가 개시되고 인삼 생근 입수에 성공하자, 지금의 도쿄 분쿄구文京區에 자리했던 고이시카와 약원小石川藥園을 대대적으로 확장하는 공사를 하였다. 다음 해에는 약원 안에 곤궁한 백성을 위한 의료시설인 양생소養生所를 설치하였는데, 이 사실은 일본 의학사에서 빠질 수 없는 중요한 의의가 있다. 같은 해 약원과 에도江戸 성내와 닛코日光에 인삼 생근을 이식하여 재배실험을 하게 된다. 이후 오랜 동안 실패를 거듭한 끝에 드디어 닛코에서 인삼재배에 성공하였다.

1728년 요시무네는 닛코 참배 때 시작試作의 공로를 인정하여 이마이치무라今市村 농민들에게 공식적으로 인삼 종자를 하사하였다. 이후 일본에서도 '어종인삼御種人蔘'을 양산화하게 된 것이다.[15] 신주信州, 야주野州, 마쓰에松江, 아이즈會津 등의 지역이 인삼재배의 중심지가 되었다. 마쓰에번에서는 한때 닛코나 아이즈번의 생산량을 크게 웃도는 약 2만 근이 생산되어 번 재정에 크게 도움이 되었다. 당시 인삼재배와 관련한 장소에는 지금도 '인삼방人蔘方'과 같은 지명이 남아 있어 융성했던 인삼산업의 일단을 엿볼 수 있다.[16]

여담이지만, 마쓰에번의 직할 사업이었던 인삼재배는 에도 시대 말기에는 곳곳의 마을에서 행해졌는데, 그중에서도 다이콘시마大根島가 고려인삼과 유사한 품질의 인삼재배로 특히 유명하였다. 다이콘이란 일본어로 무를 뜻한다. '인삼도'라는 이름을 쓰지 않은 이유는 섬에서 인삼을 재배하는 사실을 숨기기 위한 것이었다고 한다. 그만큼 인삼재배는 비장의 카드로 여겨졌던 것이다. 실제로 1816년 막부가 인삼의 해외수출을 허가하면서 이곳에서 생산된 인삼은 '운주인삼雲州人蔘'이란 이름으로 외국으로 수출까지 하게 된다. 메이지유신明治維新이 일어나고 7년이 지난 1874년에, 2년 전의 인삼재배 민영화에 이어 인삼의 자유판매가 가능하게 되자, 다이콘시마는 그야말로 '돈 버는 섬'으로 인식

되어 최전성기 때는 섬의 약 40%에 달하는 주민이 인삼재배에 종사하였다고 한다.[17]

근대기 과학 담론과 인삼의 만남

일찍부터 유럽에 알려진 고려인삼은 조선이라는 극동의 작은 나라에 대한 호기심을 불러일으키기에 충분했다. 개항기에 조선을 방문하는 서구 여행가들이 급증하면서 다양한 직업을 가진 이들의 눈으로 바라본 조선 여행기도 다수 출간되었다.[18] 이들 여행기에도 인삼은 자주 등장하는데, 영국 출신의 인도 뭄바이 총독부 관리였던 헨리 에반 머치슨 제임스Henry Evan Murchison James가 1886년 저술한『백두산 등정기』에는 조선의 인삼과 자신이 경험한 인삼의 효능에 대한 언급이 보인다.[19] 영국 출신의 여행가 이사벨라 루시 버드Isabella Lucy Bird는 여성으로서 가장 먼저 영국 지리학회 특별회원으로 선출되기도 하였는데, 세계 곳곳을 여행하고 기행문을 남긴 것으로 유명하다. 1878년에 일본 각지를 여행하였던 체험을『일본 오지 기행』1880 2권으로 정리하였다. 1894년에는 다시 캐나다를 경유하여 중국, 일본, 조선을 여행하였다. 이후 1897년까지 4번에 걸쳐 조선을 여행하고 그 경험을 1898년에『조선과 그 이웃나라들』로 정리하였고, 이듬해에는『중국 오지 기행』을 출판하였다. 그리고 이 책은 일본의 식민통치가 한창이던 1925년에『삼십년 전의 조선』이란 제목으로 일본에서도 번역 출판되었다.[20] 조선의 정치와 사회, 풍속 등을 상당히 세밀하게 그린 이사벨라 버드의 눈에도 조선의 인삼은 지나칠 수 없는 산물이었다. 파주에서 송도까지의 여정 안에 송도의 인삼산업과 산삼, 인삼 제조 등에 상세하게 서술하고 있다.

나는 송도의 유명한 상품이자 송도번영의 주된 자원 – 조선인삼을 마지막까지 아껴두었다. 조선인삼Panax Ginseng은 그 이름 그대로 '만능약 panacea'을 의미한다. 누구라도 극동에서 머무르는 동안 조선인삼의 뿌리와 약효에 대해 안 들어 본 사람이 없을 것이다. 우리 영국인이 인정하는 영국약국의 어떤 약도, 중국인들에게 높이 평가되는 조선인삼에 필적할 만한 것은 없다. 그것은 강장제, 해열제, 건위제健胃劑이자, 불로장생약이다.[21]

조선의 인삼을 목도하고 기록을 남긴 이는 서양인 여행가만이 아니었다. 메이지기 조선전문가로 알려진 혼마 규스케本間九介는 『니로쿠신보二六新報』의 특파원이자 총독부 관리가 된 인물이다. 1893년에 조선을 정탐하고 돌아가 신문에 연재한 조선 여행담을 모아 1894년 7월에 『조선잡기』란 제목으로 출판한다. 여기에서 그는 인삼에 대해 다음과 같이 소개하였다.

인삼은 조선 특유의 명산물이다. 그 산지는 경기도의 송도, 용인, 토산, 충청도의 청풍, 괴산, 전라도의 금산 등이다. 그리고 그중에 가장 유명한 것은 송도라고 한다. 품질이 좋은 것은 가격도 비싸다. 인삼밭을 가진 자는 반드시 부유한 사람이다. 그렇지 않으면 그 재배 비용을 감당할 수가 없다. (…중략…) 인삼매매는 실로 막대한 이익이 있는 상법으로, 우리 나라 거류인들이 이것에 손을 대지 않는 것은 마치 보면서 보물을 버리는 것과 같은 일이라는 생각이 든다.[22]

이렇듯 동서양을 막론하고 이미 상당했던 고려인삼의 명성은 근대에 이르러 한층 날개를 달게 된다. 바로 근대 서구의 과학적 지식이 유통되면서 전통적인 영약靈藥 인삼을 과학이란 언어로 증명하게 되었기 때문이다. 그것은 인삼의 효능이 비전문가가 아닌 서양 선교 의사들의 입을 통해 확인되는 것에 더하여[23] 더욱 큰 권위를 부여하는 훌륭한 장치가 된다.

Panax ginseng C.A. Meyer, 즉 1842년 러시아의 카를 안톤 폰 마이어Carl Anton von Meyer가 명명한 고려인삼의 학명[24]에 담긴 의의는, 조선의 인삼에 근대 서구의 과학이 덧칠해졌음을 웅변하는 것이다. 그리스어로 모든 것을 뜻하는 'Pan'과 의약을 뜻하는 'Axos'가 합쳐진 이 학명은 그 자체로 만병통치약을 의미한다. 인삼의 유효성분에 대한 '화학적' 연구는, 1830년대 콘스탄틴 새뮤얼 라피네스크Constantine Samuel Rafinesque의 실험을 거쳐, 1854년 「미국삼에 대한 화학적 고찰」로 박사 학위를 받은 미국의 새뮤얼 가리그Samuel S. Garrigues의 연구가 획을 그었다고 할 수 있다. 가리그의 연구는 북미삼에서 일종의 사포닌 혼합물인 무정형 물질을 분리한 것으로, 이 발견으로 인삼의 사포닌 성분 연구가 시작되었다고 평가된다.[25]

근대 '과학'의 힘으로 인삼에 권위가 부여되는 과정은 당시 조선
에서도 신문기사를 통해 빈번하게 드러난다. "세계에서 유명한 조선인
삼 시험, 고심한 연구결과를 발표하여" 조선인삼의 성분과 "약물학적
작용의 학리적 설명"을 한 연구자인 경성제대 의학부 민 씨는, 실험용
쥐를 통해 "조선인삼은 체중을 증가시키고 장생의 약으로 불로불사의
영약이라고 증명"[26]하였고, "남중국과 일본같이 습도가 높은 지방에서
유일한 보건제"인 인삼의 효능은 「조선인삼에 관한 연구」로 제주도 자
혜의원장인 사이토 이토히라齊藤絲平가 "고려인삼이 당뇨병에 특효임을
발견하여 의학상 근거를 주었"으며 이로써 "고래 미신적으로 만병특
효라고 하던 조선인삼에 일대 권위를 부여하였다".[27]

다음에서는 전통의 보양제이자 영약이던 인삼이 'Made in Cho-
seon'의 해피 드러그 'Ginseng'으로 변신하는 과정에서 어떠한 과학 담
론이 활용되고 그것이 상품광고로 이어지는지를, 당시 신문자료 등을
통하여 살펴보고자 한다.

시마네현島根縣 출신으로 교토제국대학 의학부 졸업 후 1923년에
경성의학전문학교 강사로 부임한 스기하라 노리유키杉原德行는 3년 뒤
에는 경성제국대학 의학부 제2약리학 강좌를 담당하게 된다. 스기하라
연구실에서 한약과 인삼을 연구하였는데, 그 가운데 한국인 제자 민병
기閔丙璂도 있던 것 같다. 스기하라의 저서『조선인삼예찬朝鮮人蔘禮讚』은
1929년 조선총독부 전매국에서 발행한 것인데, 총독부가 10년에 걸쳐
발간한『인삼사』[28]와 함께 인삼의 역사와 당대의 인식을 알 수 있는 중
요한 자료이다.『조선인삼예찬』은 약 80쪽 분량으로, 의학의 관점에서

본 인삼에 대한 서술에서 시작하여 불로장생약으로 여겨지던 인삼을 근대 과학으로 규명하는 내용을 담고 있으며, 조선인삼과 미국인삼의 비교, 조선인삼의 수출, 마지막에는 홍삼, 백삼, 삼정, 분말홍삼, 인삼탕을 소개하고 있다.[29]

스기하라는 막부 시대에 부친의 병은 조선인삼을 먹어야 낫는다는 말을 들은 딸이 몸을 팔아 인삼을 구해 효도하였다는 일화를 소개하면서, 조선인삼을 한약 중의 왕이라 상찬하였다.[30] 인삼에 대한 의학적 연구보고가 12개가 있다고 하면서 먼저 게이오慶應대학 아베阿部 박사의 지도로 연구를 수행한 요네가와米川의 보고 내용을 소개한다. 조선인삼에서 추출한 성분을 흰쥐에 투여하고 요수腰髓의 자극반응을 확인함으로써 인삼의 최음 작용을 밝혔으며, 자신의 연구실 소속의 민 군의 흰쥐 실험 내용을 사진과 함께 명시하였다. 인삼을 먹인 쥐와 인삼을 먹이지 않고 4주 후 모르핀을 투여한 쥐의 반응을 비교한 실험으로, 에너지를 보충하는 약으로서 중독성이 강한 모르핀 대신 조선인삼을 써야 함을 주장한다.[31] 이 실험은 앞에서 『조선일보』가 소개한 실험으로 생각된다.

스기하라는 내분비계에 인삼이 미치는 작용을 설명하면서, 특히 현대적 질병인 신경쇠약증 치료에 사용되던 기존의 고환 호르몬 제제보다는 조선인삼을 권하며 향후 내분비학과 인삼의 관계는 반드시 연구해야 할 과제라고 강조한다.[32] 인삼의 성분을 과학적으로 분석하는 것에 큰 의미를 부여하면서, 이에 힘쓴 연구자들을 언급하며 인삼성분은 당원질인 파나퀼론, 진세닌, 사포닌과 지방산인 파낙스산, 휘발성

정유인 파나센으로 구성된다고 밝히고 있다. 의약품의 발달이 단일성분 추출에 달려있다고 하면서 진세닌 제제의 추출이 '진세닌'이란 이름의 의약품의 시판을 가능하게 하였다고 한다.[33] 인삼의 약리작용에 대해서는 많은 연구자들이 고심을 하여 밝혀내고 있지만, 인삼의 오랜 역사에 비추어 보면 여전히 갈 길이 멀다고 하면서도 그간의 연구로 인삼이 신진대사에 영향을 미치고, 당뇨병에 효과가 있음을 실험을 통해 근거가 마련되었다고 한다. 아울러 인삼의 약리작용 연구 중 인삼이 흡연을 억제한다는 것을 증명하기 위한 임상실험에 독자들이 자원해 달라는 말까지 덧붙인다.[34]

한편, 인삼을 활용하여 만든 상품에 대한 서술도 눈에 띈다. 인삼고와 같은 농축액에는 인삼에서 가용할 수 있는 모든 성분이 들어 있고, 근년에 이에 대한 수요 증가가 바로 인삼농축액의 유효함을 증명하는 것이라고 강조한다. 또한 아직까지는 물을 이용하여 농축액을 만들지만 알코올을 이용하는 것이 더 좋은데 경제적 이유로 당장은 어렵다고도 말한다. 또 홍삼분말은 불변의 당원질을 함유하고 있어 바쁜 세상에서 섭취하기 쉬운 훌륭한 인삼제제라고 한다. 인삼탕이란 목욕용 삼정蔘精을 뜻하는데, 인삼을 활용한 입욕이 유황 온천과 다르지 않은 약효가 있어 냉증이 있는 노인이나 부인들에게 권하고 있다.[35]

스기하라는 전통한방에서 알려진 인삼의 약효를 과학적 측면에서 규명되었음에도 여전히 인삼에 대해서 연구가 부족하다고 느꼈는지, 책의 마지막에서 "제국 수도의 사각모들, 둥근 모릿속을 근세 과학으로 가득 채우고 나온다. 그리고 아카몬赤門 출신이라 자신을 소개한

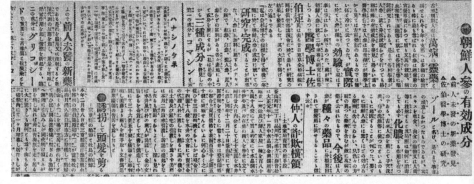

그림 4 「조선인삼과 유효성분 - 전인미발의 신약 발견, 佐伯 의학박사의 연구」, 『부산일보』, 1914.12.24

다. 어째서 그 벽돌건물 연구실이 있는 그 벽돌건물의 정문 출신으로는 부족한 것인가? 동서의학의 대가들이 온갖 지식을 짜 모았음에도 교토 부립의대 병상에 있는 고토 신페이後藤新平 백작에게 감꼭지를 달여 마시게 한 것이 바로 그 대답이다"[36]라고 지적하면서 글을 마치고 있다.

저명한 일본인 의학박사의 조선인삼 예찬은 그동안 신문 등을 통해 '영약인삼'[37]이라 소개되던 것에 과학의 이름으로 근대적 약재와 약품으로 옷을 갈아입히는 결과를 가져왔다. 에도 시대 쇼군 요시무네가 조선의 약재를 조사하도록 명을 내렸듯이, 조선 총독부도 1910년대 초부터 조선의 약용식물을 조사하고 연구를 주도하였다. 또 1910년대에서 20년대에 걸쳐 제국 일본의 내지와 만주에서 인삼을 포함한 한약에 대한 실험적 연구가 진행되었다. 제국일본의 한약연구가 '동방문화사업'이라는 논리에 의해 수행되었다는 사실은 특기할 만하며, 조사와 연구를 담당했던 도쿄제대 의학부 약학과, 교토제대, 게이오대학, 그리고 경성제대의 스기하라 연구실에서도 그러한 논리가 활용되었다.[38]

베를린 대학에서 생화학 연구로 박사학위를 받고 독일의 의학계에서 칭송을 받은 "조선의 천재" 이석신李錫申이 향후 수행하고자 하는 연구가 조선의 인삼이라고 보도하는 데서,[39] 선진국인 '유럽에서 인정을 받은 과학자'가 연구하고 싶은 주제가 바로 조선의 인삼이라는 문맥을 읽을 수 있다. 조선 각 도의 소장학자는 물론 "멀리 일본 만주 의학계의 권위가들도 다수 내참하여 회원 총수는 1,000여 명에 달하는 대성황인" 학회에서 "조선인삼의 각 성분과 그 약리학적 작용"에 대한 강연과 "조선인삼의 실험적 연구"[40]가 발표되는 것은, 그런 만큼 조선 전통의 영약 인삼의 성분이 과학적으로 '증명'되는 과정인 것이다.

이렇게 근대 의학을 선도하는 이들의 연구결과가 신문지상을 통해 소개되면서 일반인들의 의학적 지식으로 자리잡게 된다. 인체에 중요한 영향을 미치는 영양소 비타민의 발견과 그 역할에 대해 설명하는 의학 전문가는 신문 칼럼에서 인체에 없어서는 안 되는 비타민이 포함된 식재료를 언급하면서 비타민B는 인삼에 많이 들어 있다며, 비타민이 많이 함유된 음식을 섭취할 것을 강조하고 있다.[41] 특히 개성인삼은 고려인삼의 산출지로 저명하여 역사가 오래되었는데, 신문지상에서도 개성인삼은 빈번하게 등장한다. 그리고 개성인삼의 효능에 대해서는 앞서 스기하라가 언급한 바와 같이 "신경쇠약神經衰弱·불면증不眠症·심기앙진心氣昻進·히스데리·뇌빈혈腦貧血·뇌충혈두통腦充血頭痛·위약장가다류胃弱腸加多留·하리과결下痢科結·담석병膽石病·신장병腎臟病·당뇨병糖尿病·영양족營養足·정력감퇴精力減退·노쇠老衰·산전산후産前産後·병후쇠약病後衰弱·천식喘息·각기脚氣·감모感冒·늑막재肋膜災·자궁병子宮病·불임증기타不姙症其他"[42]라고 나온다.

효능 급 용법

인삼은 고래로부터 신비적 영약이라고 하여 사용하여 왔으며 특히 중국인이 애용한다는 것은 누차 말하였다. 그리고 남중국과 일본 같은 습기 많은 지방에는 유일한 보건제라 한다. 제주도 자혜의원장 제등계 齊藤系平씨는 고려인삼은 당뇨병의 특효약임을 발견하여 의학상에 근거를 주었다고 하여 의학박사의 학위를 받았다. 씨의 주요 논문은 『조선인삼에 관한 연구』라 제한 6편이나 되는 기록인데 고래 미신적으로 만병에 영약이라고 칭하든 조선인삼에 일대권위를 주었던 것이다. 동씨는 대정10년 시월에 개성에 와서 영년 고심 연구한 결과 각종의 통계를 발표한 바에 의하면 인삼은 당뇨병에 유일한 특핵약이라 한다.

의학박사 左백구佐伯矩 씨는 조선인삼의 성분에 관하여 화학적 분석한 결과 하기 삼종의 성분을 발견하였다. 제1성분은 『고마싱』이라 칭하여 내복과 주사로 말미암아 신진대사작용과 이뇨와 항분작용 등을 일으켜 정욕을 유기誘起한다. 제2성분은 배당체인데 고미거담苦味袪痰의 효가 있다. 제3성분은 『고마숄』이라 하야 소독작용을 한다.

일본적십자병원의 길본吉本의학박사 급 미정梶井의학사의 임상적 실험에 의컨대 조선인삼은 인체 내에서 신장을 건강케 한다고 하며 노국의 일의학박사는 화학적 분석한 결과 『스펠민』『카두에인코닝』 등을 발견하였다고 실험 보고하였다. 『스펠민』은 즉 정충의 소素라고 하여 정욕을 유기시키는 작용이 있다. 이외에 수십 박사의 연구보고가 많이 있으나 대동소이하므로 약한다.[43]

이 같은 과학적 규명에 대한 기사는 일반인들에게 생소하였을 용어를 빌려 '근대적 지식'을 확산시키면서도 인삼 자체뿐 아니라 인삼을 활용한 상품에 대한 소비자의 신뢰를 높이고 구매욕을 자극하기에 충분하다. 조선총독부 전매국의 허가를 받아 미쓰이三井물산이 인삼 사업에 박차를 가하여 막대한 이익을 가져갔는데, 미쓰이물산이 발매한 홍삼정에 대한 기사에서는 "홍삼정에 함유한 인삼의 유효성분인 『빠나센』의 시제試劑"를 하는 과정을 자세히 묘사한다.[44] 과학 담론과 인삼의 만남은 소비자에게 근대 제약으로서 인삼을 각인시키는 과정이며 고래로 전하는 인삼의 약효에 대한 믿음을 더욱 확산시키고 재생산하는 과정인 것이다. 다음 절에서는 신문광고 속에 '과학'을 등에 업고 선전되는 인삼에 대해 살펴보겠다.

일제 강점기 광고 속 인삼

개항 후 광고는 '고백'이란 이름으로 처음 등장하는데,[45] 이후 점차 광고라는 이름으로 각종 상품 광고가 등장한다. 일제 강점기가 되면 제국일본을 통해 들어오는 새로운 '근대적' 상품을 선전하는 신문광고는 사람들의 욕망을 자극하는 기폭제가 되었다.

일본의 물리학자 이케다 기쿠나에池田菊苗가 다시마의 '감칠맛' 성분이 글루탐산나트륨이라는 사실을 발견함으로써 1909년 처음 생산된 화학조미료 '아지노모도味の素'는 사람들의 입맛을 바꾸어 버린, 과학이

만들어낸 근대적 상품이었다. 『매일신보』에 실린 아지노모도의 첫 광고를 보면, 조선이 식민지가 된 것과 아지노모도를 개발한 시기가 거의 같다는 사실 외에, 밝게 비추는 햇살을 배경으로 큰 범선이 순항하는 이미지대로 일제의 조선통치와 아지노모도 판매를 연관 짓고 있다. 당시 여러 신문에 게재된 아지노모도 광고들을 보면 당시의 세태를 엿볼 수 있는데, 특히 광고 문구에서 더욱 적나라하게 드러난다. 한복을 입은 조선 노인이 아지노모도를 들고 '조흔세상'이라고 하는 데서나, 조선의 고전소설인 심청전의 한 장면을 가져와서 아지노모도에 접한 것을 '개명'으로 표현한 데서도 앞에서 언급한 이중적인 시선이 엿보인다 하겠다. 근대 과학이 만들어낸 새로운 지식과 광고의 협업으로 아지노모도는 조선인에게 선풍적인 인기를 끌었다.[46]

당시 신문광고 지면을 채운 최대의 근대 과학 상품은 바로 의약품이었다. 강장제이자 두통, 소화불량, 해독에도 효과가 있다고 선전하는 인단仁丹은 대표적인 상품이었으며, 성병약이나 금계랍金鷄蠟, 조고약, 영신환, 활명수 등 의약품은 그야말로 과학의 발전이 가져다준, 각종 질병의 고통에서 해방시켜준 신시대의 상징이었다. 그런 가운데 인삼을 활용한 의약품 광고도 빈번하게 등장한다. 1910년대 신문에 보이시작한 인삼제품 광고는 '조선의 특산' '만병의 영약'이라는 전통적인 내레이션과 함께 근대 과학의 발전으로 의학박사들이 그 효과를 증명하는 것이니만큼 믿고 구매하라는 이중의 서사로 구성된다. 아울러 인삼정 등 인삼을 활용한 의약품에는 "인삼의 정수", "고려인삼 성분을 추출하여 어떤 다른 약을 섞지 않고 창제한 순품"[47]처럼 순정품이라는

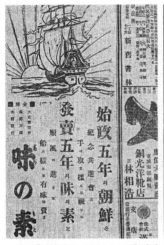

그림 5 『매일신보』, 1915.9.13에 실린 국내 첫 아지노모도 광고

그림 6 출처 : https://qlstnfp11. tistory.com/661

그림 7 출처 : https://theqoo. net/square/885342472

사실도 강조된다. 1918년 2월 28일 자『아사히신문』광고를 보자. "고래 불로장수의 영초라 일컬어져" 온 고려인삼의 효험이 "신비적으로 믿어지는" 데 그쳤으나 "그 성분을 과학적으로 연구한" "사에키佐伯 의학박사"가 고심하기를 "실로 15년간 연구한 결과" "파나크이론, 고마신, 고마조르의 세 주요성분을 발견"하였다. 주요성분의 발견으로 고려인삼에는 "특히 정력증진에 탁월한 효과"가 있음이 증명되었고 "남녀노소 모두 허약한 사람을 위해" "인간 활동의 원기를 진작시키기 위해 실로 '청춘의 원천'이라고 부를 만한 이름을 붙여 Vita비-타"라 하였다. 이 이름에는 "무극물無極物에 혼을 불어넣어" 활동하게 만든다는 뜻이 담겨 있다고 선전한다.

1919년 3·1 운동을 계기로 이른바 '문화정치'의 일환으로 1920년에 『조선일보』와 『동아일보』가 창간되었다. 인삼 관련 제품은 다른 의

그림 8 『요미우리신문』, 1913.8.7; 『아사히신문』, 1915.11.15

그림 9 『아사히신문』, 1918.2.28

약품과 함께 두 신문의 지면을 장식하는 대표적인 상품이었다. 개성인삼상회나 고려삼업사, 금산인삼 등 판매 주체에 따른 인삼 자체에 대한 기사나 광고도 많지만, 인삼이 함유된 의약품과 파생 상품이 단연 돋보인다.

1918년 정월 초하루『매일신보』에 실린 '삼용보익수'의 전면광고는 모범매약상회 이옥인李玉仁이 낸 신년하례 광고이다. 제모制帽를 쓰고 있는 사람은 콧수염을 기르고 긴 칼을 두 개나 가지고 있는 것으로 보아 군인 또는 경찰 관료로 짐작되는데, 얼굴만 사람일 뿐 몸체는 인삼이다. 모자를 화려하게 장식하고 있는 것은 인삼의 꽃과 이파리이다. 인삼이 타고 있는 것은 뿔로 보아 사슴으로 생각되지만 광고 문구에는 녹용마鹿茸馬라고 부르고 있다. 한방에서 가장 귀하게 여겨지는 인삼과 녹용을 상징하는 이 광고의 우측 중앙의 문구를 보면 "황마년黃馬年에 인삼대왕이 녹용마鹿茸馬를 달려 철분검鐵粉劍을 휘두르며 백년약초를 이끌고 사랑하는 인간계를 구제하고자 제병마굴諸病魔窟을 소탕하는 광경"이라 적고 있다. 1918년이 무오년이었던 만큼 사슴보다 더욱 강인하고 생동감을 주는 말로 표현한 듯하다. 인간계의 온갖 병의 근원을 소탕하여 인간을 구제해주는 '인삼대왕'의 모습은, 전통적인 고통구제의 상징인 약사여래의 모습이 아니라 제

그림 10 삼용보익수 광고, 『매일신보』, 1918.1.1

국의 세례를 받은 인물로 묘사된다. 좌측 상단의 문구에는 인삼과 녹용은 피와 살을, 철분은 골격을 위한 것이라는 약의 '기질'을 설명하고, 훌륭한 강장약을 지금까지 없었던 가격으로 제공하는 것은 실업가 제군들에게 "건전한 정신을 건전한 신체에 있음"을 명심하도록 하기 위해서이다. 피, 살, 골격을 위해 더없이 좋은 강장제인 '삼용보익수'의 효능은 "기허빈혈, 뇌신경쇠약, 담해, 하초허냉, 부족증, 수종궐냉 등"이다.

　경성모범매약상회의 '삼용보익수'는 1920년대 『동아일보』에 가장 많이 광고한 실린 인삼제품이기도 했다. 1920년 4월 이후 27회나 연거푸 실린 '삼용보익수' 광고는 근대 문물의 한 상징인 영사기를 등장시켜 스크린에 상품을 비추는 형식을 이용한 광고이다. 1921~22년에

는 녹용과 인삼을 형상화한 그림을 광고로 싣고 있는데, 무려 109회에 이르렀다. 이 그림은 시각적으로 사람들에게 인상이 깊었는지, 종종 다른 인삼판매회사도 유사한 그림의 광고를 싣고 있다.

"백약의 왕인 한잔의 「人蔘 후로-핀」을 드시요!!!" 이 제품 역시 강장 음료인데, 조선인삼에 더하여 새로운 성분인 '차아인삼염次亞燐爽鹽'과 칼슘 등을 배합하여 맛과 향이 좋고 복용에 편리하다고 선전한다. 병자뿐 아니라 남녀노소 일반적으로 허약한 사람에게 매우 권할 만한 제품이다. 한복 차림의 단아한 여성이 따라주는 강장 음료를 들려는 노신사의 미소가 인상적이다. 그런가 하면 1925년 9월 3일과 15일 자에 실린 '인삼 후로-틴' 광고는 엄마가 아이를 위해 챙겨야 하는 건강식품임을 드러내는데 오히려 아이가 더 마시고 싶어 하는 분위기를 보여준다.

당대 만병통치약처럼 불리며 가장 인기 있던 제품이라 할 수 있는 인단仁丹 광고에도 "도테모 인기 은립의 인단, 인단 주제主劑 외에 귀약貴藥 조선인삼과 비타민B를 배합"『동아일보』, 1930.1.29이라고 쓸 만큼, 인삼은 그 자체로서 귀한 약이며 인삼의 추출물이 들어간 제품 역시 인삼의 효과가 들어있다는 인식이 공유되었다고 생각한다. 1930년대가 되면 인삼 제품 중에서도 특히 홍삼정의 광고가 자주 눈에 띈다.

미쓰이三井물산은 일찍부터 조선의 인삼이 가진 상품가치에 눈을 돌린 기업이었다. 더군다나 1908년 홍삼전매법이 제정되고 위탁 판매제가 불하제로 바뀌면서 인삼판매에서 독점적인 지위를 가졌으며 광복까지 그 구조는 바뀌지 않았다. 당시에도 홍삼의 독점 판매로 막대한 이익을 거두는 데 대한 비판 기사는 종종 눈에 띈다.[48] 1930년 말에 들어

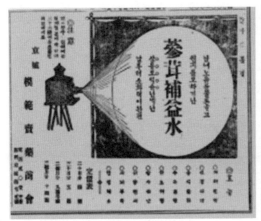

그림 11 삼용보익수 광고, 『동아일보』, 1920.4.15

그림 12 1921~22년 『동아일보』
최다게재 삼용보익수 광고

그림 13 인삼 후로-핀 광고, 『동아일보』, 1925.6.5

그림 14 인삼 후로-핀 광고,
『동아일보』, 1925.9.3

그림 15 홍삼정 광고, 『동아일보』, 1930.10.22

오면 새로운 '홍삼정'이란 제품의 광고가 눈에 띈다. 1930년 10월 22일
『동아일보』 광고는 과학적 실험에 의한 약효 증명 과정을 상세하게 전
하면서, 익숙하지 않은 외국어의 성분 이름까지 적고 있다.

근대 의학의 진보에 따라 홍삼에 다시 귀중 유효분 파나센을 첨가한
이상적 신제제

다수 귀중 유효분의 종합적 효과를 발휘하는 진정 조선인삼 홍삼의
정제

백약의 왕이라고 인삼이 귀중시되는 것은 벌써 오래전 지금부터
1,400년 전입니다.

이래 인삼은 한방의가의 약롱藥籠에 소위 기사회생약이라고 진장珍藏
되고 혹은 조선 지나의 대관 상류계급의 회춘비약이라고 정력증진에 갈
망되어 왔는데, 근대 의학은 인삼의 약성을 과학적으로 해부하여 명백
하게 하였습니다.

동경제대 교수 아사히니朝比奈 약학박사, 사카이酒井 의학박사, 경성제
대 약물학교수 의학박사 스기하라 씨의 상밀한 연구발표가 있고 더더
욱 그 화학적 성분과 약성이 선명하게 되었습니다.

예로 보면 흰 쥐에 대해 허다한 성적 흥분 현상을 볼 수 있게 되었고,
또 당뇨병환자에 사용하여 효과 있는 이유도 약물학상으로 증명되었습
니다. 기타 인삼은 정신작용을 진정하고 생리작용을 흥분하므로 불면증
이 낫고 혈색을 좋게 하고 피로를 회복하여 에네루기를 돕는 것입니다.

이외 같은 진실한 학자의 연구에 진보됨에 따라 인삼의 신가는 한층

더 명백해졌습니다.

　조선인삼중의 유효성분의 중요한 것은 다음과 같음.

　P.nacen(파나센) Cinsenin(진세닌) Panaxsacure(파낫크쓰 산), Panaquillon(파나기론)

　주효 : 성욕감퇴, 초로기 쇠약, 빈혈, 허약, 노쇠, 신경쇠약, 히스테리, 당뇨병, 부인병

　조선총독부 전매국 제조, 경성제대교수 스기하라 의학박사 지도

　위 광고 문구에는 앞 절에서 본 근대 과학의 발전으로, 저명한 의학박사의 연구 실험 과정을 통해 오랜 역사 속 "회춘비약"으로 여겨져 온 인삼의 유효 성분이 증명된 사실이 강조되고 있다. "파나센, 진세닌, 파낫크스 산, 파나기론" 등 중요 성분은 "성욕감퇴"를 비롯한 여러 질환에 효과적이라는 점이 강조된다. 더욱이 그것은 믿을 수 있는 조선총복부 전매국의 제조품이며 식민지 조선의 최대 브레인인 경성제대의 스기하라 의학박사가 지도하여 완성한 것이라는 근대 의약품의 선전을 위한 스토리가 총망라되어 있다. 이 같은 '근대적 스토리'가 전통적인 자양강장제인 인삼의 유효성분을 충분히 함유하면서도 한약처럼 시간을 들여 달이는 수고와 시간을 덜 수 있고 먹기도 간편한 정제가 바쁜 세상을 살아가는 사람들에게 훨씬 좋다는 인식을 가져다준다.

　그것은 다음의 '인삼 미음' 광고에서 더욱 두드러지는데 "효력 백퍼-센트"라는 문구가 주는 강렬함은 상상하기 어렵지 않다.

　홍삼정뿐 아니라 인삼이 함유된 파생제품으로 눈길을 끈 '인삼

미음'은, 일반적인 환자식으로 많이 여겨지는 '미음'에 인삼을 넣은 새로운 제품이다. '미음'이란 상품명을 발음 그대로 일본어로 표기한 것을 보아 일본인을 대상으로 한 광고가 아닌가 한다. 이 광고는 앞에서 본 불로장수의 영약, 근대 과학, 저명한 의학박사들의 연구와 같은 스토리를 한층 더 강화하는 장치가 들어 있다. 그것은 직접 의학계의 대가라 일컬어지는 여러 사람들이 실명을 걸고 추천하는 문구를 넣은 것이다. 의학박사, 의사, 약제사, 산파, 창덕궁 경찰서장, 변호사에 이르기까지 상류층으로 여겨지는 사람들의 입을 통해서 그 효과가 입증되었음을 강조한다. 그 일례는 다음과 같다.

안동의원 내과 의학박사 신명재任明宰

－천일약방 창제 '인삼미음'은 조선인삼의 유효성분을 적용하여 봉밀 기타 자양료를 함유시킨 음료로서 이를 시용하니 풍미가 좋고 먹기에 좋아 병자 건강자 물론하고 그 기호에 적합하다. 그리고 그 효과를 실험한 즉 자양강장제로서 일반 허약자, 병후 회복 시에 복용하여 현저한 효과를 보일 뿐 아니라 소화기 병자로 임상 상 다대한 효험이 있는 것으로서 이를 주장함.

경성 인사동 의사 신필호申弼浩

－중병회복기와 같이 극도로 쇠약하고 체력이 감퇴한 때는 '인삼 미음'을 한 달간 복용한 바 체력증진, 소화력 왕성, 식욕증진, 원기회복에 특효함을 인정함.

창덕궁 경찰서장ㅣ나카무라 데루오미中村照臣

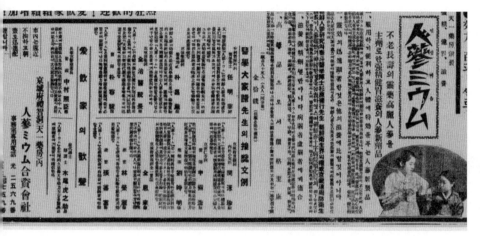

－작년 여름에 위궤양으로 고병 이후 항상 불쾌하던 중 '인삼 미음'을
복용한 이후 식욕이 증진되고 변통便通이 양호하며 기력이 상쾌하
여 아주 건강하게 근무합니다.

　권위 있는 의사들이 직접 권하는 제품, 실제 복용한 인사들의 입
을 통해 "허약자에게 복음이라 확신한다"는 제품 광고를 보면 누구나
건강에 대한 욕망이 자극될 법하다. 무엇보다 이 제품은 다른 광고에서
"노쇠하신 양친을 위하시고, 수험기에 사랑하는 자녀를 위하시며 사
무에 피곤하신 가족을 위하여 감기예방을 겸할 수 있는 인삼 미음. 다
른 자양강장제로 효험을 못 보신 분은 조속 사용하시옵. 시내는 신속배
달합니다"『동아일보』, 1932.3.2라고까지 한다. 즉, 내 몸을 위해서뿐 아니라,
부모님을 위하여 또 시험을 앞둔 자녀를 위하여 꼭 구비해야 하는 제품
이라고 유혹한다. 한국인들에게 가장 큰 의미를 가진 '혈연'과 '교육열'

을 강조함으로써 그들의 소비 욕망에 불을 지피는 것이다.

각종 인삼 관련 제품의 광고, 인삼의 효능을 과학적으로 증명해
주는 신문기사뿐 아니라 조선인삼에 관한 전람회와 같은 행사를 통해
서도 당시 사람들의 인삼에 관한 높은 관심을 읽어낼 수 있다.

> 조선인삼이 고래 만병의 영약으로서 존중되어 온 것은 만인이 이미
> 알고 있는 것이지만, 근래 왕성하게 연구되어 온, 한약 중 주로 조선인
> 삼이 과연 그 명성을 배반하지 않는 영약인지 여부를, 문헌, 그림, 사진,
> 모형, 참고품, 각종 통계도표 기타에 의해 평이하고 또 흥미롭게 전시.
> 일시 2~5일 5층 갤러리(경성 미쓰코시)(「조선인삼에 관한 전람회」 광고, 『조선
> 신문』, 1933.3.2)

'인삼 미음' 광고처럼 유명 인사들의 추천사를 넣는 기법은 다른
회사의 광고에도 활용된다. 자선당慈善堂제약합자회사의 '삼용 토닉' 광
고는 유명인사의 추천에 더하여 자필원고의 사진까지 더하는 방법을
통하여 제품에 대한 신뢰도를 끌어 올리고 있다. "세계적 최고급 약",
"본제를 추천한 여러 명사 15명"이란 제목 아래 의학박사 하시모토 요
시쿠라橋本吉藏 선생의 임상실험표와 「신 '보혈강장제 삼용토닉'에 대하
여」란 긴 글을 싣고 있다. 여기에는 기존의 다른 광고에서 보이는 "동
양의학의 영약", "현대의학의 자양강장제" 배합, 연구에 의한 인삼 효
과 입증, 산부인과 환자에게 사용한 결과 유효함 입증 등과 같은 서사
구성을 보인다. 산부인과뿐 아니라 내과, 소아과, 피부과, 이비인후과,

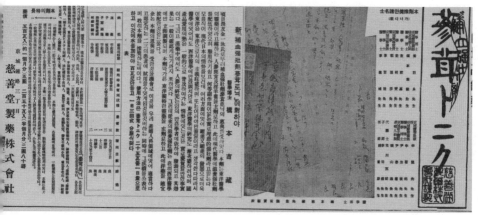

안과, 신경과 의사들도 효과를 인정하였으며, "한방의 탕약으로 인삼 10근을 복용하느니 본제 1병을 복용함이 유효한 것은 동물시험에 판명"되었다고 강조한다. 특이한 점은 상품의 효과를 강조하는 문맥에서 다음과 같은 새로운 서사가 등장한다는 점이다.

모름지기 현대 일본의 정세를 보건대 여러 방면에 있어 약진 또 약진의 발전으로 더욱 이 동양은 동양으로서의 **주의왕성主義旺盛**하며 또는 이래야만 될 일이라고 생각한다. 따라서 의학에 있어서도 서양의학에만 몰두하지 않고 동양의학 연구도 점차 성하려 하며 **국산품 애용의 열기는 일반적으로 보급해 가는 정세에 있는 것은 실로 경하할 만한 사실이다.** (…중략…) 그런데 종래의 자양강장제는 흔히 서양의학에만 입각 조제되며 본제와 같은 동양 독특한 영약을 주제로 하고 이에 양약을 적의 안배한 것은 드물다.(강조 인용자)

精力催進 强壮 百補劑 蔘茸ホルモン 綜合劑 動植物性ホルモン 西藏症 専賣所 主任採用

그림 18 삼용호르몬 광고, 『동아일보』, 1939.11.20

　　이 문장은 메이지기 일본에서 근대 문명의 발전과 더불어 급격한 서구주의에 대한 비판을 연상시킨다. 근대 과학과 의학의 발전으로 전통의 영약이었던 인삼의 효능을 증명하였다는 데서 더 나아가, 서양의학에만 의존하는 자세에서 벗어나 동양의학의 '연구'가 활발해지는 것과 '국산품 애용'의 열기가, 동양을 동양으로서 지켜나가는 것과 이어지고 있는 것이다. 그것은 또한 지금의 일본이 약진하는 것과도 연결된다.

　　'삼용토닉'과 유사한 제품으로는 황산皇漢제약회사의 "정력촉진

그림 19 삼용토닉 광고, 『동아일보』, 1939.6.9

강장 백보제 삼용호르몬 동식물성 호르몬종합제"가 있었다. 이 약은 "성욕장해조후, 몽정, 유정, 음위, 다몽, 정력감퇴, 신경쇠약, 노쇠약빈혈, 식욕부진"『동아일보』, 1939.11.20 등에 효능이 있다고 선전되었다. 인삼제제에서 '호르몬'이란 용어가 쓰인 첫 사례이다.

　　조선매약이 발매한 '삼용비타민', 천일제약이 발매한 '삼용강장수' 모두 '삼용토닉'과 유사한 제품으로 광고 기법도 비슷한데, '삼용토

그림 20 삼용비타민 광고, 『동아일보』, 1939.9.2

그림 21 삼용강장수 광고, 『동아일보』, 1939.12.17

닉'은 처음으로 유명 여성의 실명과 사진을 광고에 활용하였으며, 모델로는 무희 오자와小澤 가오루『동아일보』, 1938.10.29, 무용가 최승희『동아일보』, 1939.6.9, 영화배우 요시카와 도미吉川登美, 『동아일보』, 1939.10.4 등이 등장한다. 이에 보조를 맞춰 '삼용강장수'는 "만영滿映스타 이향란李香蘭"『동아일보』, 1939.12.17을 내세운 광고를 하였으며, '삼용비타민'은 근육질의 남자 그림을 광고에 싣고 있다.『동아일보』, 1939.9.2 전형적인 남성상과 여성상을 내세운 것은, 이들 제품들이 근대 과학의 발전으로 발명된 것이면서도

전통적으로 한방에서 일컬어지는 '보양보음補陽補陰' – 인삼의 연결고리
가 여전히 유효하기 때문으로 읽을 수 있다.

'식민지' 조선의 자랑 – 인삼에서 'Ginseng'으로

　　과학의 힘은 다양한 인삼 파생상품을 낳았고, 이것들은 제국과
동아시아 다른 나라로 유통되었다. 인삼의 미국 판로 개척은 할리우드
여배우들이 "인삼을 원료로 한 화장품을 쓰면 더욱 피부가 좋아지는
것이 과학적으로 증명"되어 "조선인삼을 애용"하게 된 덕이며, 이는
"여러 가지 의미로 새로운 센세이션을 일으키는 것이며 앞으로 조선여
성들이 본받을 것도 뻔한 일"[49]이었다. 당시 비누와 화장품은 그야말로
'문명'의 상징이었다. 여기에는 위생과 건강, 여성의 아름다움, 신체의
젊음에 대한 새로운 시선과 소비욕망을 불러일으키는 유행이 담겨있
다. 과학의 발전, 즉 근대 문명의 힘으로 발견된 'Ginseng'은 인삼사탕,
인삼주와 인삼차 같은 식품은 물론, 비누와 화장품과 같은 미용 상품
도 발명되었고, 삼도蔘都라 불린 개성에는 "인삼탕"이 마련되어 보건상
"절대 필요한 시설"[50]로 의미가 부여되기도 하였다.
　　당시 인삼비누 광고를 보자. 오사카 고려양행이 발매한 인삼비누
의 광고는 한일어가 병기되는 형태이며 "근대적 건강미"를 강조한다.
평양의 부벽루와 단발의 양장을 한 여성 모델은 "아름다운 화장을 위
해서" 기본 전제가 되는 "고운 살결"을 만들어 주는 인삼비누를 들고

웃고 있다. 이 제품은 "불로장
생의 영약으로 청소료淸掃料, 미
안료美顏料로서 신비적인 작용
을 가진 조선인삼고유의 성분
을 순화배합한" "타의 추수를
불허하는 순질 화장비누"이며,
"단지 지방이나 때를 없애는
것만"이 아니라 "여러분의 본
살결을 수호하야 그 천부의 미
와 청춘을 영원히 보전하는 일
석이조 이상"의 상품이다.『조선
일보』, 1937.9.13

그림 22 인삼비누 광고. 『조선일보』, 1937.10.2

　　상품화된 인삼은 박람회를 통해 적극적으로 선전되었는데, 1936
년 개최된 일만박람회나 1937년 봄에 나고야名古屋에서 개최된 범태평
양평화박람회, 벳부別府에서 개최된 국제온천박람회에서 고려인삼관이
특설되었고, 각종 방송을 통한 인삼 관련 강연도 좋은 선전의 장이 되
었다. 또 제국 일본과 미국, 동아시아로도 인삼은 널리 확산되었다. 오
사카에서는 열정적인 조선인 사업가가 일어로 된 월보『개성인삼 타임
즈』를 발행하여 조선인삼의 특효를 일본인에게 재확인시키는 데 힘을
쏟았으며[51] 고려인삼 상인들은 베트남, 태국, 필리핀 등지로 진출하여
판로를 개척하였다.[52] 뿐만 아니라 중국을 경유하여 하와이로 건너간
인삼상인들의 기록도 현존한다.[53]

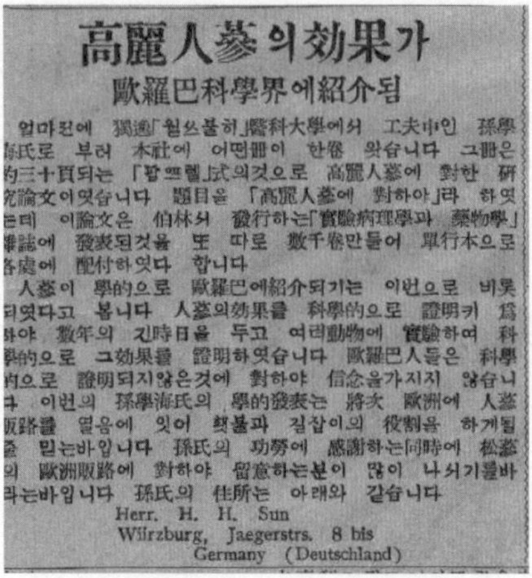

高麗人蔘의效果가
歐羅巴科學界에紹介됨

얼마전에 獨逸「윌쓰불히」醫科大學에서 工夫中인 孫學海氏로 부터 本社에 어떤冊이 한卷 왓습니다 그冊은 約三十頁되는 「팜프렡」式의것으로 高麗人蔘에 對한 硏究論文이엿습니다 題目은 「高麗人蔘에 對하야」라 하엿는데 이論文은 伯林서 發行하는「實驗病理學과 藥物學」雜誌에 發表된것을 또 따로 數千卷만들어 單行本으로 各處에 配付하엿다 합니다

人蔘이 學的으로 歐羅巴에紹介되기는 이번으로 비롯되엿다고 봅니다 人蔘의效果를 科學的으로 證明키 爲하야 數年의 긴時日을 두고 여러動物에 實驗하며 科學的으로 그效果를 證明하엿습니다 歐羅巴人들은 科學的으로 證明되지않은것에 對하야 信念을가지지 않습니다 이번의 孫學海氏의 學的發表는 將次 歐洲에 人蔘販路를 열음에 잇어 횃불과 길잡이의 役割을 하게될줄 믿는바입니다 孫氏의 功勞에 感謝하는同時에 松蔘의 歐洲販路에 對하야 留意하는분이 많이 나서기를바라는바입니다 孫氏의 住所는 아래와 같습니다

Herr. H. H. Sun
Wiirzburg, Jaegerstrs. 8 bis
Germany (Deutschland)

그림 23 고려인삼 기사, 『고려시보』, 1933.9.1

한편, 조선 전통의 영약 인삼의 스토리는 과학의 발전으로 효능이 검증되어 급기야 열강, 선진국 등으로 불리던 유럽에까지 소개되고, 서구 문명의 동의어로 여겨지던 '양키'의 나라까지 판로가 개척될 정도인, '자랑스러운 조선의 상품'으로 확대된다. 1933년 9월 1일 자 『고려시보』에는 고려인삼의 효과가 유럽의 과학계에 소개되었다는 기사가 크게 실렸다. 독일의 뷔르츠부르크기사에는 Wilrzburg로 표기 의대 유학생 손학해孫學海가 쓴 『고려인삼에 대하여』라는 제목의 작은 책자를 소개하고 있다.

이 논문은 백림伯林서 발행하는 『실험병리학과 약물학』 잡지에 발표된 것을 또 따로 수천 권 만들어 단행본으로 각 처에 배부하였다 합니다. 인삼이 학적으로 구라파에 소개되기는 이번으로 비롯되었다고 봅니다. 인삼의 효과를 과학적으로 증명키 위하야 수년의 긴 시일을 두고 여러 동물에 실험하여 과학적으로 그 효과를 증명하였습니다. 구라파인들은 과학적으로 증명되지 않은 것에 대하야 신념을 가지지 않습니다. 이번의 손학해 씨의 학적 발표는 장차 구주에 인삼 판로를 열음에 있어 횃불과 길잡이의 역할을 하게 될 중 믿는 바입니다. 손 씨의 공로에 감사하는 동시에 송삼松蔘의 구주판로에 대하여 유의하는 분이 많이 나서기를 바라는 바입니다.

또 다른 기사에서는 "양키도 삼미蔘味만은 '오-케' 고려인삼의 미국행, 제1 수출은 2천여 근"『고려시보』, 1939.9.16이라고 인삼의 미국 판로 개척 소식을 전하고 있다. 과학적으로 증명된 것이 아니면 믿지 않는 서양인들에게 그 효과를 인정받아 판로가 개척된 사실은, 경제적인 문제를 넘어서는 의미를 갖는다. 장구한 역사의 마지막에 식민지로 전락해 버린 조선의 운명, '근대 문명'에서 뒤쳐진 가난한 조선의 현실을 전복시킬 만한 사실이다. 더군다나 세상의 여러 인삼 중에 고려인삼, 송도인삼이 단연 으뜸이 아니던가!

전통의 영약 인삼은 근대 과학의 발전으로 여러 가지 유효 성분이 밝혀지고 추출되어 의학적으로 효험이 증명된 다양한 의약품으로, 또 그 과학이 밝혀낸 성분을 배합한 비누나 화장품 같은 새로운 상품으로 옷을 갈아입으며 사람들의 건강과 위생, 미용에 대한 욕망을 자극하는 'Ginseng'으로 바뀌어 갔다. 그러나 그것은 과거의 전통과 단절된 것이 아니라, 과학이라는 근대 문명의 발전으로 인해 조선의 오래된 자부심을 새롭게 일깨우며 암울한 식민지 조국의 현실을 상쇄시켜주는 'Made in Choseon'의 '해피 드러그'이기도 했다.

김선희

근대 문명담론 가운데 빠질 수 없는 것이 바로 신체의 건강과 위생이다. 이러한 근대 문명 담론은 학교와 같이 제도를 통해서, 또 신문과 잡지, 영화와 소설 같은 각종 대중 미디어를 통해 정착되었다. 제도와 미디어를 통한 언설은 이와 관련된 제품을 소비함으로써 구체적으로 신체에 구현된다. 도시란 공간에서 '소비' 행위를 이끌어 가는 가장 중요한 키워드는 바로 '대중'이란 이름으로 묶여지는 각각의 주체들이 갖는 '욕망'이며 상품의 광고는 그러한 욕망을 자연스럽게 생산해 내는 힘을 가지고 있었다. 이러한 문명담론과 맞물려 등장한 '모던 상품' 중 가장 대표적인 것이 '해피 드러그^{happy drug}'라 할 수 있다. 해피 드러그란 그 이름에서 짐작할 수 있듯이, 질병 치료가 아닌 삶의 질과 관련된 다양한 증상을 개선하는 약품으로서, 우등과 우성의 '은유'로서의 건강의 가치가 확고해진 근대의 산물이라 할 수 있다. 소비자인 대중은 근대적인 신체와 건강에 관한 담론을 훈육에 의해 수동적으로 수용한 것이 아니라, '해피 드러그'라는 상품을 능동적으로 소비함으로써 스스로 근대적 건강담론을 확대 재생산하는 주체가 되었던 것이다.

본서는 이런 관점에 근거해, 대표적인 네 가지 근대 해피 드러그를 골라, 한국어·일본어 자료의 실증적 조사와 사례 연구를 진행했고, 그 결과는 다음과 같다.

제1장에서는 근대 일본의 의료화된 '건강', 그중에서도 여성의 성역할에 기초한 건강과 해피 드러그^{happy drug}의 관계를 고찰했다. 구체적

으로는 여성의 일생과 의료화 과정을 분석하는 사회문화사적 관점에서 1893년부터 현재까지 125년 동안 판매되고 있는 일본의 대표적인 여성용 자양강장제 주조토中將湯의 광고를 분석했다.

첫째, 주조토는 '자궁병 혈도증'으로 고생하는 부인, 즉 성인 여성을 대상으로 판매를 시작했다. 이는 '혈도'로 대표되는 한방의 여성 신체관과 '자궁병'으로 대표되는 서양 근대 의학의 여성 신체관이 공존하는 메이지 20년대의 특징이 반영된 결과였다. 하지만 1906년 3월 3일 이후 주조토는 더 이상 '자궁병 혈도'만을 강조하지 않고, 이를 다른 증상들과 병렬적으로 배치하는 광고를 하게 되었다. 이것은 1910년대 이후 여성의 건강을 바라보는 사회의 시선이 변화된 결과이기도 했다.

둘째, 1910년대 이후, 주조토를 일상적으로 복용하는 행위는 "부인이 젊음을 되찾는 법"으로 선전되었다. 그리고 여기에서 '부인이 젊음'을 되찾는 것은 '청춘의 건강미'가 아니라 '여성미'를 되찾는 것을 의미했다. 이것은 주조토의 판매 전략이 더 이상 '자궁병 혈도' 치료제에 있지 않고, '건강 연령을 젊게 유지할 수 있는 약', 즉 해피 드러그의 성격에 있음을 명확히 보여준다.

셋째, 주조토는 '제국 일본'의 확장에 따라 식민지 타이완과 조선은 물론이고, 중국상하이·우한(武漢)·톈진(天津)·베이징과 베트남하노이까지도 판로를 개척했다. 이런 의미에서 주조토는 '제국 일본'을 배경으로 탄생한 근대 동아시아의 여성용 해피 드러그라고 할 수 있다.

넷째, 1930년대 등장해 10년 동안 연재된 『동아일보』「지상병원 紙上病院」의 형식과 여기에 보이는 중장탕(즉 주조토)에 대한 문답을 예로

들어, 식민지 조선인이 서양 의학을 근거로 자기 몸의 증세를 판단하고 광고로 접한 약을 직접 소비하는 과정을 통해, 이른바 '의료의 사회화'를 체득해가는 과정을 확인할 수 있었다. 이렇게 본다면, 의료의 사회화라는 형식을 통해 제국 일본으로부터 식민지인 조선과 타이완까지를 아우르는 해피 드러그 주조토야말로 제국 일본이 지향하던 '대동아 건설'을 일상생활에서 표상해낸 대표적 상품 중 하나라고 말할 수 있을 것이다.

　제2장에서는 근대 의학과 과학의 발전 과정 속에서 자양강장제의 역할을 고찰했다. TV관찰프로그램에 나오는 연예인들의 식탁에는 언제나 많은 영양제가 쌓여있고 그것을 먹어야만 하루를 '견뎌낼 것' 같은 서사는 지극히 의료화된 우리의 모습과 다르지 않다. '번 아웃'을 부르는 과중한 육체적·정신적인 노동에 "먹은 날과 안 먹은 날의 차이_아로나민"일동제약과 "간 때문이야, 간 때문이야_우루사"대웅제약라는 CM송은 1920~30년대 자양강장제 폴리타민의 신문광고와 거의 흡사하다. 우리가 TV광고에 나오는 의약외품을 의사 처방없이 약국에서 구매하여 복용하고 그 행위로서 플라시보 효과를 기대하는 것은 전 세계적으로 비슷하다. 이처럼 개인의 무병장수와 관련된 면역력이라는 키워드는 5대 영양소를 포함한 각종 영양소를 농축한 종합영양제를 만들어냈지만 19세기 전 세계적으로 유행한 결핵 감염병 퇴치는 개인의 위생이 우선 순위였다. 18세기 니콜라스 르블랑Nicolas Leblanc, 1742~1806이 소금에서 탄산나트륨을 발견하고 이를 이용하여 대량생산한 비누는 전 세계적인 전염병을 가정위생 수준에서 해결 가능했고 더 나아가

인류의 수명을 20년이나 늘렸다. 여기에 각 나라마다 인종과 식단 차이로 인해 발생하는 질병도 부족한 영양소를 보충하여 신체의 면역력을 강화시킴으로써 개선할 수 있게 되었다. 이와 같은 근대의화학에서 발전된 세균학과 영양학이 만들어낸 가정위생과 가정의학이 근대일본의 건강한 국민만들기 담론으로 확산되었고 개인의 신체에 맞는 자양강장제를 찾는 행위가 의료화된 개인을 상징하며 이는 국민국가의 건강한 국민 만들기의 토대가 된다는 관념을 만들어낸 나비효과일 것이다.

20세기 초 일본인들은 서구인에 비해 '뒤떨어진 신체'를 극복하기 위한 방법으로 '좋은 음식'과 '영양이 되는 음식'의 차이를 밝혀냈고 1920년 대 이후 제약회사들이 체질이 유사한 일본인 누구라도 복용할 수 있는 아미노산제제의 폴리타민과 비타민B1을 보충하는 와카모토라는 자양강장제를 발매했다. 두 자양강장제는 당시 가장 광고 효과가 좋은 신문 미디어를 통해 적극적인 광고를 펼쳤다. 특히 일본인에게 가장 필요한 아미노산제제의 자양강장제 폴리타민은 면역력 강화로 인한 체질 개선에서 결핵 치료 보조제까지 약품의 효과 범위를 확대시켰다. 당시 약품의 제조와 발매가 다른 일본의 약종 문화에서 폴리타민의 발매원이었던 다케다제약회사는 일본과 식민지 전역에서 광고를 전개했고 그중 지속적인 광고를 실었던『요미우리신문』의 광고 내용을 분석하면 다음과 같다.

첫째, 도쿄대의학부 출신의 의학박사가 환자에게 실시한 임상사례를 제시하며 적극 추천한 아미노산제제 종합영양제이다. "왜 폴리타민인가"에 대한 근대 의학적 지식을 제공했다.

둘째, 일간지에 영양학과 결핵, 아동과 관련된 다양한 칼럼을 신고 이를 책자화하여 구매객에게 무료 증정하여 개인이 의학적 정보를 습득하게 되는 신체의 의료화에 적극적이었다.

셋째, 20세기 초 일본인의 사망률 1, 2위를 다툴 정도의 국민적 질병이었던 결핵과 위장병을 고려한 자양강장제로서 허약 체질 개선과 결핵 치료 보조제의 효과까지 확대되었다.

넷째, 남녀노소 각 연령층에 필요한 자양강장제의 효과·효능을 인식시켜 열악했던 일본인들의 체격과 체질을 '건강한 신체' 만들기라는 건강 담론으로 전환시켰다.

다섯째, 일본 아동은 허약한 유전적 요인과 성장기의 부실한 식단으로 인해 대부분 결핵체질을 갖고 있지만, 이는 폴리타민 복용으로 건강한 '국민의 신체화'가 가능하다고 분석했다.

여섯째, 정력적이고 건강한 남성으로서 '아버지'와 건강한 자녀를 출산할 수 있는 '어머니'의 산전·산후의 회복과 냉증 개선과 피부미용은 물론, 유행성 감기와 피로 회복을 도와주는 온 가족의 면역력 증강제라는 점을 적극 강조했다.

일곱째, 다른 자양강장제와의 차별성으로서 모델을 미국 야구선수 오돌, 남성과 여성의 젠더적 차이, 가족을 모델로 기용하여 폴리타민이 가정의학에서 복용해야 할 보편적인 면역력 강화제라고 홍보했다. 이는 일본과 식민지 전역 일간지에도 광고하여 약품의 지역화 과정을 보여주기도 했다.

19세기 개국과 함께 서구의 유사화에 매몰되어 서양인보다 '뒤떨어진 신체'를 '근대적 신체'로 개선하기 위한 일본인들의 건강한 신체에 대한 열망과 담론은 20세기의 폴리타민에서 시작되어 더 치열해졌고 21세기 현재 환경에 맞추어 아로나민으로 바뀌었을 뿐이다. 내 몸에 부족한 영양분을 보충하기 위한 식단과 보조영양제 섭취는 근대국가 형성기에 '건강한 국민'이라는 프로파간다를 주장했던 '제국 일본'을 월경하여 지금도 유행하고 있고 평균기대 수명이 늘어나는 앞으로도 무병장수를 가능하게 할 중요 요소로서 더욱 더 확대될 것이다.

제3장에서는 탈모와 발모發毛에 대한 전통적 인식으로부터 출발해, 이것이 근대 과학의 세례를 받으며 재편再編되는 과정을 고찰했다. 당초 '탈모'나 '대머리'에 대한 인상과 인식은 동서고금을 막론하고 대동소이하지만, 근대라는 틀에 맞춰 재편되면서 과학적 권위와 근거를 강조하게 된다. 특히 근대에 등장한 발모제들은 모두가 권위 있는 연구소나 의학박사가 개발한 것이라거나 새로 발견한 성분이 들어있다는 등, 과학적 발견과 정보를 대중 광고의 근간으로 하고 있었다. 이는 한국에서 대표적인 발모제였던 도쿄야쿠인東京藥院의 '후미나인'フミナイン이나 다른 발모제나 매한가지였다. 그러다가 1930년대 이르러서 산쿄제약三共製藥의 '요모토닛쿠'ヨウモトニック부터는 기존 광고와 다른 탈모의 형태를 유형화하는 광고가 시도되기 시작했다. 실제 탈모에 대한 대응에는 아무런 도움도 되지 않는 이런 탈모의 유형화는 사실 모든 탈모 자체를 부정적인 상황을 인식하고 이에 대한 즉각적인 대응을 유도하는 광고 전략이었다. 그리고 탈모脫毛가 보다 문제시되는 데에는 서구나 일본에서 수입된 '탈모脫帽'의 유행이 중요한 역할을 했다. 모자를 벗

는 것이 점차 모던한 '개화開化'로 인식되기 시작하면서 모자를 쓰는 것은 자연스레 근대적이지 못한 '미개未開'한 행동으로 간주되었다. 하지만 일방적으로 모던한 유행으로서의 '탈모脫帽'가 '탈모脫毛'에 대한 자각과 적극적인 대응을 촉진했을 뿐만 아니라, 동시에 근대 의학지식을 근거로 '탈모脫毛'를 핑계 삼아 탈모 예방 차원에서 '탈모脫帽'를 강권하게 되었다. 결국 근대 과학의 지향점과 모던한 유행의 지향점이 중첩되어 진행되고 있었던 것이다.

또 하나 흥미로운 것은, 일본을 필두로 동아시아에서의 발모제 광고를 살펴보면, 단순히 남자의 탈모뿐만 아니라 여성의 탈모까지 주요 대상으로 삼았다. 심지어 머리카락뿐만 아니라 신체 다른 부위의 모발특히 음모(陰毛)까지도 발모제 사용 범위에 포함시키고 있었다. 그리고 이로부터 발모제가 여성의 윤기있는 모발을 위한 미용제품으로 전환되는 경우도 발견된다.

하지만 결과적으로 삶의 질을 향상하기 위한 해피 드러그로서의 발모제는 아주 큰 결함을 가지고 있었다. 발모제가 비록 근대 과학과 의학을 표방하고 있었지만, 탈모 예방과 발모 촉진이라는 열렬한 욕망과 실질적인 기대를 전혀 충족시키지 못했기 때문이다. 하지만 동서고금에 걸쳐 변함없이 추구되던 발모의 욕망은, 현실적인 만족도가 결코 높지 않았던 발모제를 고가高價임에도 기꺼이 소비하게 만들었고, 그 소비라는 작위作爲 자체로만으로도 나름의 만족을 획득할 수 있었다. 그리고 이러한 욕망을 담은 발모제 소비는 지금까지도 계속되고 있다.

제4장에서는 외국에서 들어온 '박래품'이 아닌 전통 약재였던 인

삼이 근대적 상품으로 변화하고 대중에게 재인식되는 과정을 고찰했다. 20세기 초 본격적으로 시작을 알린 대중소비사회는 식민지로 전락한 조선에서도 크게 다르지 않았다. '박래품' '양품'이란 이름으로 제국 일본을 통해 들어오는 상품의 소비는 '신세계'의 문명을 체감하는 장치이기도 했다. 이 글에서는 박래품이 아닌 전통 약재였던 인삼이 근대적 상품으로 변화하고 신문광고를 통해 대중에게 재인식되는 과정을 고찰했다.

근대 의학 즉 과학의 발전은 식민지 일반대중들의 의약품 수용을 뒷받침하는 가장 강력한 배경이 되었다. 전통 한의학과 양의학의 차이는 이른바 '과학적' 담론의 출현으로 구별된다고 할 것이다. 과학적 지식은 상품 소비의 근거가 되었을 뿐 아니라, '문화인'이라면 당연히 갖추어야 하는 교양이 되었으며 이는 일상 가정생활을 '똑똑하게' 영위하는 방법으로 일반화되어 갔다.

인삼은 다양한 고문헌을 통해 이미 영약으로서 알려졌는데, 일본과 세계에 본격적으로 알려진 것은 17세기이다. 특히 일본은 조선에서 통신사 사절들이 방문할 때마다 인삼에 지대한 관심을 보이며 다양한 필담기록을 남겼다. 또 인삼무역으로 막대한 은이 유출되어 재정위기에 처하자, 에도 막부는 자국의 인삼재배를 위해 백방으로 노력해서 겨우 성공한다. 그러나 품질과 명성에 있어서 고려인삼을 따라가지 못했다.

한편, 근대 과학의 이름으로 인삼의 성분이 과학적으로 새롭게 증명되고 더욱이 권위 있는 학자와 의사들의 입을 통하여 확인되면서, 만고의 영약이던 인삼은 이전의 명성을 그대로 유지하면서도 의약품과 과학적 상품으로 새롭게 거듭난다. 건강을 위협하는 당뇨병, 신경쇠약과 같은 각종 질환에 탁월한 효과가 과학으로 입증된 인삼제제는, 신문광고를 통해 홍삼정, 홍삼분말, 농축액, 강장음료 등 다양한 형태의 신상품으로 등장하면서 대중의 소비욕망을 이끌어 냈다. 의약품뿐 아니라, 인삼 성분이 배합된 화장품과 비누와 같은 미용제품은 인삼의 명성과 유행을 이끌었던 모델을 내세운 광고에 기대어 대중의 욕구를 자극했다.

아울러 고려인삼이 열강 또는 선진국이라 불리던 유럽과 미국에서도 '인정'을 받아 판로가 개척되고 있다는 사실은, 식민지로 전락한 조선의 현실과 대비되면서 문화적 자긍심의 상징이 된다.

인삼은 건강과 위생, 미용이라는 인간의 행복을 위한 욕망을 충족시켜주는 Ginseng으로 거듭나면서, 동시에 과학이라는 근대 문명의 발전으로 인해 조선의 오래된 자부심을 새롭게 일깨우며 암울한 식민지 조국의 현실을 상쇄시켜주는 'Made in Choseon'의 '해피 드러그'이기도 했다.

이상의 분석 과정을 통해 우리는, 일제강점기에 해피 드러그가 확산되는 데 결정적인 요인이었던 과학담론과 근대적 건강의 의미를 고찰할 수 있었고, 해피 드러그의 동시대적 소비와 유통이라는 구체적인 실상을 확인할 수 있었다. 이 같은 네 갈래의 서로 다른 연구 결과는 궁극적으로 현대 한국인이 가진 '건강한 신체'에 대한 욕망이 어디로부터 연원했으며, 어떻게 구축되었는지를 거시적으로 파악하기 위한 유용한 단서로 제시될 수 있을 것이다.

이영섭

참고문헌

프롤로그

심지원·박삼헌, 「의료화된 몸과 자기 돌봄을 통한 주체적인 몸」, 『아시아문화연구』 제52집, 2020.

유선영, 「황색 식민지의 문화정체성」, 『언론과 사회』 제18권, 1997.

_____, 「대한제국 그리고 일제 식민지 지배 시기 미국화」, 김덕호·원용진 편, 『아메리카나이 제이션』, 푸른역사, 2008.

최종태, 「행복을 알약으로 먹는다 해피 드러그 – 아플 때 약을 먹는다는 것은 편견」, 『과학동 아』, 2004.7(통권 223호).

홍은영, 「푸코와 우리 시대의 건강 담론」, 『철학연구』 50호, 2014.

제1장 젊고 건강한 여성미의 회복, 주조토(中將湯)

1차 자료

『동아일보』, 『조선일보』, 『東京朝日新聞』, 『読売新聞』

岸田吟香, 『衛生手函』, 岸田吟香, 1890.

田中香涯, 「女体の男性化に関する考察」, 『婦人公論』 第131号, 1926.

津村重舎, 『漢方の花 – 順天堂実記』, 株式会社順天堂, 1982.

津村順天堂, 『津村順天堂七十年史』, 津村順天堂, 1964.

松本順, 『民間諸病療治法』, 資生堂, 1880.

_____, 『民間治療法』, 愛生舘, 1888.

陳柔縉 『廣告表示. 老牌子·時髦貨·推銷術, 從日本時代廣告看見台灣的摩登生活』, 麥田, 2015.

논문 및 저서

권창규, 『상품의 시대 – 출세·교양·건강·섹스·애국』, 민음사, 2014.

김은정, 『은유로서의 정력과 질병』, 한국외대 출판부 지식출판원, 2016.

르네 지라르, 김치수·송의경 역, 『낭만적 거짓과 소설적 진실』, 한길사, 2001.

서범석 외 6인, 『근대적 육체와 일상의 발견』, 경희대 출판부, 2016.

함동주, 「일본제국의 성립과 박문관의 출판활동 – 청일전쟁기를 중심으로」, 『동양사학연구』

제113집, 2010.

홍연오,『한국약업사』, 한국약품공업주식회사, 1972.

大口勇次郎, 服藤早苗, 成田龍一 編,『新体系日本史9 ジェンダー史』, 山川出版社, 2014.

落合恵美子,『近代家族とフェミニズム』, 勁草書房, 1989.

小山誠次,「女神散の立方と血の道の変遷」,『漢方と診療』第2巻第1号, 2011.

金津日出美,「〈日本産科学〉の成立」,『江戸の思想』6, ぺりかん社, 1997.

久留島典子, 長志珠絵, 長野ひろ子 編,『歴史を読み替える ジェンダーから見た日本史』, 大月
　　　書店, 2015.

沢山美果子,「在村医の診察記録が語る女性の身体」,『身体と医療の教育社会史』, 昭和堂,
　　　2003.

スーザン・バーンズ,「権力・知・再生する身体」,『みすず』368号, 1991.

首藤美香子,「『産む』身体の近代」,『現代思想』19巻3号, 1991.

関谷ゆかり,「〈更年期〉をめぐる女性のセクシュ…アリティ−1920年代から1930年代の性科
　　　学における女性の性欲の認識変化を中心に」, *Sociology today* 第16号, 2006.

＿＿＿＿＿＿＿,「〈更年期〉をめぐる〈老人女性〉のセクシュ…アリティ−1930年代から1950年代
　　　婦人科学における女性の性欲の認識変化を中心に」,『ジェンダー研究』第10号, 2007.

総合女性史研究会 編,『時代を生きた女たち 新・日本女性通史』, 朝日新聞出版, 2010.

田口亜紗,『生理休暇の誕生』, 青弓社, 2003.

田中ひかる,『月経と犯罪：女性犯罪論の真偽を問う』, 批評社, 2006.

長田直子,「血の道」, 金子幸子・黒田弘子・菅野則子・義江明子編,『日本女性史大辞典』, 吉川
　　　弘文館, 2008.

原葉子,「日本近代における「更年期女性」像の形成」,『ジェンダー研究』第17号, 2014.

松山敏剛・佐藤珠美,「わが国における更年期障害に関する歴史的考察：婦女新聞の分析から
　　　第1報」,『日本看護研究会雑誌』第22巻3号, 1999.

牟田和恵,『戦略としての家族：近代日本の国民国家形成と女性』, 新曜社, 1996.

森永卓郎監修,『明治・大正・昭和・平成 物価の文化史事典』, 展望社, 2008,

脇田晴子, S・B ハンレー 編,『ジェンダーの日本史』〈上〉宗教と民俗 身体と性愛, 東京大学出
　　　版会, 1994.

山本祥子,「更年期：医療化された女性の中高年期」黒田浩一郎編,『医療社会学のフロンティ
　　　ア：現代医療と社会』, 世界思想社, 2001.

제2장 무병장수의 욕망, 자양강장제 폴리타민과 '근대적 신체'

1차 자료

『조선일보』, 『京城日報』, 『大阪朝日新聞』, 『東京朝日新聞』, 『大阪毎日新聞』, 『西部毎日(大阪毎日新聞九州版)』, 『読売新聞』, 『台湾日日新報』

논문 및 저서

고미숙, 『위생의 시대』, 북드라망, 2014.

신인섭·서범석, 『한국광고사』, 나남출판, 1998.

요시미 순야, 이태문 역, 『운동회 근대의 신체』, 논형, 2007.

조한경, 『환자혁명』, 에디터, 2017.

한민주, 『해부대 위의 여자들 – 근대 여성과 과학문화사』, 서강대 출판부, 2017.

황상익, 『근대 의료의 풍경』, 푸른역사, 2013.

청암대학교 재일코리안연구소 편, 『근대 건강담론과 신체 자료집(1)』, 도서출판선인, 2019.

石田あゆう, 『圖說 戰時下の化粧品廣告(1931-1943)』, 創元社, 2016.

寒川恒夫, 『近代日本を創った身体』, 株式會社大修館書店, 2017.

武田二百年史編纂委員會, 『武田二百年史』(本編, 資料編), 武田薬品工業株式會社, 1983.

常石敬一, 『結核と日本人』, 株式會社岩波書店, 2011.

野村一夫, 『健康ブームを読み解く』, 青弓社, 2003.

藤野豊, 『强制された健康』, 吉川弘文館, 2000.

山本武利, 『近代日本の新聞讀者層』, 法政大學出版局, 1981.

김성희, 「근대일본의 식문화 형성의 한 장면 – 각기병 논쟁을 소재로 하여」, 『일본어문학』 80, 2019.

김영수, 「20세기 초 일본 매약의 수입과 근대 한국의 의약 광고의 형성 – 근대일본의 매약규제와 광고 형식을 중심으로」, 『인문논총』 제75권, 2018.

유진식, 「근대일본에 있어서 위생과 법」, 『법학연구』 53, 2017.

이자호, 「근대일본의 薬品名과 漢字 接尾語「-薬」「-」「-薬」」, 『일본어와 문학』 25, 2016.

이효성, 「미 점령기 일본의 야구 담론과 그 의미」, 『일본역사연구』 43, 2016.

川口仁志, 「「皇孫御誕生記念こども博覧会」についての考察」, 『松山大学論集』 第17巻 第6号, 松山大学論集 18(6), 2007.

小山祥子, 「機關紙『子供の世紀』に見る乳乳兒を取り巻く育ちの環境ー1923～1926年の広告記事に着目してー」, 駒沢女子大学 研究紀要 50, 2017.

權學俊, 「近代日本における身体の国民化と規律化」, 『立命館産業社会論集』 第53卷 第4号, 2018.

인터넷자료

『한국경제』, 2020.6.11.

   https://www.hankyung.com/economy/article/2020061181577(검색일 : 2020.12.2)

2014년도 후생노동백서(厚生勞動白書), 후생노동성 HP.

   https://www.mhlw.go.jp/wp/hakusyo/kousei/14/backdata/1-1-1-02.html(검색일 :
   2020.12.10)

제3장 근대적 건강미 발현으로서의 머리카락과 발모제(發毛劑)

1차 자료

동아일보 아카이브, http://www.donga.com/pdf/archive/

조선일보 아카이브, http://srchdb1.chosun.com/pdf/i_archive/index.jsp

한국고전DB, https://db.itkc.or.kr/

한의학고전DB, https://mediclassics.kr/

読売新聞 ヨミダス歴史館, http://database.yomiuri.co.jp.ssl.libproxy.nahf.or.kr:8010/rekishikan/

朝日新聞 記事データベース, http://database.asahi.com/library2e/main/top.php

논문 및 저서

김명환, 『모던 씨크 명랑-근대 광고로 읽는 조선인의 꿈과 욕망』, 문학동네, 2016.

정승규, 『인류에게 필요한 11가지 약 이야기』, 반니, 2020.

키레네의 시네오시스, 정재곤 역, 『대머리 예찬』, 21세기북스, 2005.

森正人, 『ハゲに悩む-劣等感の社會史』, 筑摩書房, 2013.

荒俣宏, 『髪の文化史』, 潮出版社, 2000(荒俣宏, 『ハゲの文化史』, ポプラ社, 2018).

朝鮮及滿洲社(釋尾春芿) 編 『朝鮮及滿洲』(影印本), 어문학사, 2005.

山本博文, 『武士は禿げると隠居する-江戸の雑学: サムライ篇』, 双葉社, 2001.

陳柔縉, 『廣告表示. 老牌子・時髦貨・推銷術, 從日本時代廣告看見台灣的摩登生活』, 麥田,
  2015.

Rebecca M. Herzig, *Plucked : A History of Hair Removal*, New York Univ Press, 2015.

Kurt Stenn, *Hair : A Human History*, Pegasus Books, 2016(커트 스텐, 하인해 역, 『꼿꼿하고 당당

한 털의 역사 헤어』, Mid, 2017).

김영수, 「20세기 초 일본 매약의 수입과 근대 한국의 의약광고의 형성 – 근대 일본의 매약규
제와 광고 형식을 중심으로」, 『인문논총』 75(4), 2018.

목수현, 「욕망으로서의 근대 – 1910-1930년대 한국 신문광고의 신체 이미지」, 『아시아문화』
26, 2010.

이병주·마정미, 「초기 근대 의약품 광고 담론분석 – 근대적 아픔의 주체와 경험에 대한 소
고」, 『한국언론정보학보』 통권 32, 2006.

최종태, 「행복을 알약으로 먹는다 – 해피 드러그」, 『과학동아』 7, 2004.

인터넷 자료

渋澤社史 데이터베이스, https://shashi.shibusawa.or.jp/details_nenpyo.php?sid=3750&query=&cl
ass=&d=all&page=12(검색일 : 2021.5.24)

株式会社 加美乃素本舗, https://www.kaminomoto.co.jp/product/cagain_plus.html(검색
일 : 2021.5.24)

Yohmotonic®, https://yohmotonic.com/(검색일 : 2021.5.24)

김덕호, 「[건강100세] "대머리 싫어" 카이사르도 두려워한 탈모」, 『서울경제』, 2018.2.6,
https://www.sedaily.com/NewsView/1RVLKU8FZG(검색일 : 2021.5.24)

제4장 인삼에서 'Ginseng'으로

1차 자료

『고려시보』, 『동아일보』, 『매일신보』, 『부산일보』, 『조선신문』, 『조선일보』, 『한성주보』, 『読売
新聞』, 『朝日新聞』, 『조선총독부 관보』

バード·ビショツプ, 工藤重雄 抄訳, 『三十年前の朝鮮』, 東亜経済時報社, 1925.

인터넷 사이트

한의학고전DB, https://mediclassics.kr/

(사)한국인삼연합회, http://www.ekga.org

『한국민족문화대백과사전』, https://encykorea.aks.ac.kr/

「중국철학서전자화계획」, https://ctext.org/zh

교토대학의 귀중자료 디지털 아카이브, https://rmda.kulib.kyoto-u.ac.jp/

유시엔(由志園) 공식 사이트, https://www.yuushien.com/

논문 및 저서

권창규,『상품의 시대』, 민음사, 2014.

김대환, 「맛(味)과 식민지조선, 그리고 광고 - 아지노모도(味の素)광고를 중심으로」, 『옥외광고학연구』제5권 3호, 2008.

김광재, 「일제시기 상해 고려인삼 상인들의 활동」, 『한국독립운동사연구』40, 독립기념과 한국독립운동사연구소, 2011.12.

김영원 외, 『항해와 표류의 역사』, 솔, 2003.

김대환, 「맛과 식민지 조선 그리고 광고 - 아지노모도 광고를 중심으로」, 『OOH광고학연구』5(3), 한국OOH광고학회, 2008.11.

공성구, 박동욱 역, 『향대기람』, 태학사, 2014.

박상현, 「대한제국기 내장원의 인삼관리와 삼세 징수」, 『규장각』19, 서울대규장각 한국학연구원, 1996.12.

이영아, 「서양인의 눈에 비친 조선인의 인종적 특질 연구 - 새비지 랜도어(Arnold H. Savage Landor)의『고요한 아침의 나라 조선(Corea or Cho-sen: The Land of the Morning Calm)』을 중심으로」, *e-Journal Homo Migrans* Vol.3, Nov. 2010.

_____, 「선교의사 알렌(Horace N. Allen)의 의료 활동과 조선인의 몸에 대한 인식 고찰」, 『의사학』, 제20권 제2호(통권 제39호), 2011.12.

박윤재, 『한국 근대의학의 기원』, 혜안, 2005.

박정희, 『17~18세기 통신사에 대한 일본의 의식다례』, 민속원, 2010.

박현규, 「일본에서의 조선 許浚『東醫寶鑑』유통과 간행」, 『日本研究』제29집, 2018.

부산근대역사관, 『사진엽서로 떠나는 근대기행』, 부산근대역사관, 2003.

설혜심, 『인삼의 세계사』, 휴머니스트, 2020.

스기하라 노리유키, 장일무 해제 및 번역감수, 『조선인삼예찬』, KGC인삼공사, 2019.

신규환, 『질병의 사회사: 동아시아 의학의 재발견』, 살림, 2006.

신창건, 「경성제국대학에 있어서 한약연구의 성립」, 『사회와 역사』제76집, 2007.

양정필·여인석, 「조선인삼의 기원에 대하여」, 『의사학』13(1), 대한의사학회, 2004.6.

_____, 「1910-20년대 개성상인의 백삼 상품화와 판매확대 활동」, 『의사학』20(1), 대한의사학회, 2011.6.

연세대학교 의학사연구소 편, 『한의학, 식민지를 앓다』, 아카넷, 2008.

옥순종, 『은밀하고 위대한 인삼이야기』, 이가서, 2016.

윤선자, 「일제의 경제수탈과 개상의 삼업」, 『한국근현대사연구』35, 한국근현대사학회,

2005.12.

이종찬, 『동아시아 의학의 전통과 근대』, 문학과지성사, 2004.

장일무, 『한국인삼산업사』, KGC인삼공사, 2018.

조던 샌드, 박삼헌·조영희·김현영 역, 『제국일본의 생활공간』, 소명출판, 2017.

주영하, 「동아시아 식품산업의 제국주의와 식민지주의 – 깃코망형 간장, 아지노모토, 그리고
　　인스턴트라면」, 『아시아리뷰』 5(1), 서울대 아시아연구소, 2015.8.

찰스 페너티, 이용웅 역, 『문화와 유행상품의 역사』, 자작나무, 1997.

한국광고연구원, 『한국광고100년』, 한국광고단체연합회, 1996.

H. N. 알렌, 신복룡 역주, 『조선견문기』, 집문당, 1999.

핸드릭 하멜, 김태진 역, 『낯선 조선 땅에서 보낸 13년 20일의 기록 하멜 표류기』, 서해문집,
　　2003.

헨리 에번 머치슨 제임스, 조준배 역, 『백두산 등정기』, 동북아역사재단, 2011.

허경진 편역, 『인삼관련 통신사 필담자료집』, 보고서, 2017.

혼마 규스케, 최혜주 역주, 『일본인의 조선정탐록 조선잡기』, 김영사, 2008.

イザベラ·バード, 朴尙得 訳, 『朝鮮奧地紀行 2』, 東洋文庫573, 平凡社, 1994.

林采成, 『飮食朝鮮』, 名古屋大學出版會, 2019.

Wayne Patterson, *The Korean Frontier in America : Immigration to Hawaii, 1896-1910*, Univeisity of
　　Hawaii Press, 1988.

주석

프롤로그

1 최종태, 「행복을 알약으로 먹는다 해피 드러그 – 아플 때 약을 먹는다는 것은 편견」, 『과학동아』 2004.7(통권 223호), 91~92쪽.

2 권보드래, 「仁丹 – 동아시아의 상징 제국」, 『사회와 역사』 81호, 2009.

3 정근식, 「맛의 제국, 광고, 식민지적 유산」, 공제욱·정근식 편, 『식민지의 일상 지배와 균열』, 문학과학사, 2006.

제1장 젊고 건강한 여성미의 회복, 주조토(中將湯)

1 선행연구로는 落合恵美子, 『近代家族とフェミニズム』, 勁草書房, 1989; 首藤美香子, 「『産む』身体の近代」, 『現代思想』 19巻3号, 1991; 스-ザン·バ-ンズ, 「権力·知·再生する身体」, 『みすず』 368号, 1991; 脇田晴子, S·B ハンレ- 編, 『ジェンダ-の日本史』〈上〉宗教と民俗 身体と性愛, 東京大学出版会, 1994; 牟田和恵, 『戦略としての家族 : 近代日本の国民国家形成と女性』, 新曜社, 1996; 金津日出美, 「〈日本産科学〉の成立」, 『江戸の思想』 6, ぺりかん, 1997; 沢山美果子, 「在村医の診察記録が語る女性の身体」, 『身体と医療の教育社会史』, 昭和堂, 2003; 総合女性史研究会 編, 『時代を生きた女たち 新·日本女性通史』, 朝日新聞出版, 2010; 大口勇次郎, 服藤早苗, 成田龍一 編, 『新体系日本史9 ジェンダ-史』, 山川出版社, 2014; 久留島典子, 長志珠絵, 長野ひろ子 編, 『歴史を読み替える ジェンダ-から見た日本史』, 大月書店, 2015 등이 있다.

2 田口亜紗, 『生理休暇の誕生』, 青弓社, 2003; 田中ひかる, 『月経と犯罪 – 女性犯罪論の真偽を問う』, 批評社, 2006 등이 있다. 한국의 연구로는 박이은실, 『월경의 정치학』, 동녘, 2015 등이 있다.

3 松山敏剛·佐藤珠美, 「わが国における更年期障害に関する歴史的考察 – 婦女新聞の分析から第1報」, 『日本看護研究会雑誌』 第22巻3号, 1999; 山本祥子, 「更年期 – 医療化された女性の中高年期」 黒田浩一郎編, 『医療社会学のフロンティア – 現代医療と社会』, 世界思想社, 2001; 関谷ゆかり, 「〈更年期〉をめぐる女性のセクシ…アリティ – 1920年代から1930年代の性科学における女性の性欲の認識変化を中心に」, *Sociology today* 第16号, 2006; 「〈更年期〉をめぐる〈老人女性〉のセクシ…アリティ – 1930年代から1950年代婦人科学における女性の性欲の認識変化を中心に」, 『ジェンダ-研究』 第10号, 2007; 原葉子, 「日本近代における「更年期女性」像の形成」, 『ジェンダ-研究』 第17号, 2014 등이 있다.

4 주조토라는 상품명은 612년에 건립된 나라(奈良)의 다이마데라(當麻寺)와 관련된 추조히메(中将姫)에서 따온 것이다. 추조히메가 보시를 위해 제조한 약의 제조법이 외가에 대대로 전해져 왔고, 주조토는 그 제조법을 토대로 만들어졌다고 선전되었다(『도쿄아사히신문』,

1893.5.1).

5 津村重舎, 『漢方の花−順天堂実記』, 株式会社順天堂, 1982, 79쪽.

6 森永卓郎監修, 『明治・大正・昭和・平成 物価の文化史事典』, 展望社, 2008, 29쪽.

7 매약은 의사 처방 없이 미리 만들어 놓고 파는, 즉 레디메이드(ready-made) 의약품을 의미한다.

8 津村重舎, 앞의 책, 79~80쪽.

9 『郵便報知新聞』, 1893.4.28(津村順天堂, 『津村順天堂七十年史』, 津村順天堂, 1964, 16쪽 수록).

10 中根栄 編, 『日本新聞広告史』, 日本電報通信社, 1940, 482쪽.

11 『아사히신문(朝日新聞)』은 1879년에 오사카에서 창간되었을 당시, 자유민권운동을 배경으로 하는 정치 담론을 다루는 대신문(大新聞)과 달리 통속을 주로 다루는 소신문(小新聞)이었다. 1888년에 일본어 읽는 방법을 표기한 소신문 『메사마시신문(めさまし新聞)』을 매입하여 『도쿄아사히신문(東京朝日新聞)』으로 제호를 변경하고, 기존의 『아사히신문』도 『오사카아사히신문(大阪朝日新聞)』으로 제호를 변경하였다. 1940년 9월 1일 『오사카아사히신문』과 『도쿄아사히신문』의 제호를 『아사히신문』으로 통일한 후 현재에 이르고 있다.

12 르네 지라르, 김치수・송의경 역, 『낭만적 거짓과 소설적 진실』, 한길사, 2001, 39~101쪽 참조.

13 여성의 생식기에서 병적으로 많이 나오는 흰 점액 같은 분비물.

14 여성의 생식기에서 병적으로 많이 나오는 피 같으면서도 피가 아닌 분비물.

15 기혈이 머리 쪽으로 치밀어 오르는 증상.

16 가슴과 배가 쑤시고 아픈 병.

17 『도쿄아사히신문』, 1906.12.9.

18 『도쿄아사히신문』, 1907.1.1.

19 『도쿄아사히신문』, 1908.3.3.

20 松本順, 『民間諸病療治法』, 資生堂, 1880, 26쪽.

21 岸田吟香, 『衛生手函』, 岸田吟香, 1890, 23쪽.

22 小山誠次, 「女神散の立方と血の道の変遷」, 『漢方と診療』 第2卷第1号, 2011, 51~52쪽.

23 한국에서는 서양 의학에 대비되는 전통 의학을 한방(韓方)으로 칭하지만, 여기에서는 일본의 호칭을 사용하기로 한다.

24 長田直子, 「血の道」, 金子幸子・黒田弘子・菅野則子・義江明子編, 『日本女性史大辞典』, 吉川弘文館, 2008, 480쪽.

25 松本順, 『民間治療法』, 愛生舘, 1888, 78~79쪽.

26 앞의 沢山美果子, 「在村医の診察記録が語る女性の身体」, 217쪽.

27 『도쿄아사히신문』, 1893.5.11.

28 일본 국립국회도서관 근대라이브러리(近代ライブラリー)에 따르면, '혈도'를 항목으로 설정한 도서는 松本順, 『民間諸病療治法』, 資生堂, 1880; 岸田吟香, 『衛生手函』, 岸田吟香, 1890; 松

本順, 『新撰医療便方』, 松寿堂, 1892; 松本順, 『通俗医療便方』, 張秀則[ほか], 1892; 平野鏗 編, 『看病の心得』, 佐藤春, 1896; 糸左近, 『家庭衛生講話』続編, 金刺芳流堂, 1907; 薬学研究会, 『家庭治療法－素人調剤』, 生々社出版部, 1908; 伊藤環翠, 『祈りの実験－一名・無催眠治療暗示』 (正心修養; 第2編), 環翠堂, 1909; 笹岡省三, 『婦人病者の心得－子宮病血の道自宅病法』, 笹岡省三, 1910; 宇津治三郎, 『家庭実用薬剤便覧』, 東京薬剤協会, 1912; 小西信良, 『薬剤顧問救急手当調剤摂生法』, 済生館, 1913; 山内喜市, 『通俗療病指針』, 生盛薬剤, 1916; 西野浜子, 『姫様とさつまいも』, 岡田菊二郎, 1919; 泉新盛, 『男子も心得置くべき婦人病の話』, 回泉堂, 1919; 白石実三, 『姉妹』, 日本評論社出版部, 1920; 伊予田英照, 『文明の異端者霊の魔力』, 万灯山, 1924; 源海戸用為治郎, 『人生安坐法病苦百般独療治』, 天教本部, 1925; 松浦斎, 『売薬処方全集』, 東京薬事新報社, 1926; 加藤玄伯, 『慢性病の治療と漢方医術』, 金原商店, 1926이다. 이 중 '혈도'와 '자궁병'을 모두 항목으로 설정한 도서는 진하게 표시한 총 7권이다.

29 시기적으로 제1차 세계대전이 끝나고 만국평화회의가 개최된 것을 차용한 것이라 추측된다.

30 『도쿄아사히신문』, 1918.7.21.

31 『도쿄아사히신문』, 1918.5.26.

32 『도쿄아사히신문』, 1896.6.30.

33 『도쿄아사히신문』, 1926.7.11.

34 『도쿄아사히신문』, 1935.5.4.

35 『도쿄아사히신문』, 1939.10.20.

36 原葉子, 앞의 책, 108~109쪽.

37 田中香涯, 「女体の男性化に関する考察」, 『婦人公論』第131号, 1926, 50쪽.

38 『도쿄아사히신문』, 1939.10.20.

39 『도쿄아사히신문』, 1941.5.10.

40 『도쿄아사히신문』, 1944.1.22.

41 하쿠분칸은 1887년에 설립된 후 청일전쟁을 거치면서 잡지출판을 기반으로 출판왕국을 건설한, 근대적 출판업의 선두주자였다. 하쿠분칸은 청일전쟁 발발 직후부터 전쟁관련 서적뿐 아니라 『일청전쟁실기(日清戰爭實記)』, 『태양(太陽)』과 같은 잡지를 발행하여 일본사회의 제국주의적 분위기를 적극 옹호하면서 이를 기업적 성장의 발판으로 삼았다(함동주, 「일본제국의 성립과 박문관의 출판활동－청일전쟁기를 중심으로」, 『동양사학연구』제113집, 2010, 246~247쪽).

42 津村順天堂, 앞의 책, 46쪽.

43 위의 책, 47쪽.

44 『동아일보』, 1927.7.4.

45 1932년 1차 상하이사건 이후 더욱 맹렬한 일화(日貨) 배척운동과 중국 농촌의 피폐로 인해 고

전을 면치 못하다가, 1937년 중일전쟁 발발을 전후로 영업 실적이 호전되었다. 이는 주조토의 판매가 '제국 일본'의 팽창과 연동하고 있음을 다시 한번 보여준다(津村順天堂, 앞의 책, 47~49쪽).

46 홍연오, 『한국약업사』, 한국약품공업주식회사, 1972, 167쪽. 이와 같은 상황은 식민지 타이완도 동일하였다(陳柔縉, 『廣告表示. 老牌子·時髦貨·推銷術, 從日本時代廣告看見台灣的摩登生活』, 麥田, 2015, 19~27쪽 참조).

47 1910년 5월 한국통감부는 항일 민족 언론으로 이름을 높던 『대한매일신보(大韓每日申報)』를 인수하였다, 3개월 후 한일병합이 공포되고 그 이튿날인 8월 30일 『매일신보』로 이름을 바꾸고 조선총독부의 기관지로 발행되기 시작하였다. 조선총독부는 기관지로 일본어 신문 『경성일보(京城日報)』, 영자 신문 『서울프레스(The Seoul Press)』와 함께 한글 신문 『매일신보』를 발행하였다. 1910년 조사에 따르면 『경성일보』는 19,494부이고, 『매일신보』는 2,646부이다.

48 1892년 12월 5일 창간된 『부산상황(釜山商況)』을 아다치 겐조가 이를 인수하여 1894년 11월 21일에 재창간한 일간지다. 1면 14단 활자 7포인트, 석간 6면 형태로 제작했는데 이후 경쟁지인 『부산일보(釜山日報)』가 날로 확장하면서 점점 위축되어 1933년 발행 면수도 4면으로 줄었다. 1938년 1월과 1940년 2월의 연속된 화재로 사세가 점점 기울며 고전을 면치 못하다가, 결국 1941년 5월 조선총독부의 언론통폐합 방침에 따라 『부산일보』에 통합되면서 폐간되었다.

49 『경성일보』, 『부산일보』와 함께 식민지 조선의 3대 일간지로 평가받는다. 인천에서 발행되던 『조선신보(朝鮮新報)』와 『조선타임즈』를 합병하여 1908년에 창간된 일본어 일간지이다. 1919년에 본사를 인천에서 경성으로 옮겼고, 신문사도 마키야마 고조(牧山耕藏)가 인수했다. 신문의 발행지도 경성으로 옮겨 새로이 발행허가를 받았다. 이후 종합지로서 꾸준히 성장하여 1926년 통계에 따르면 발행 부수는 25,428부로 『경성일보』의 24,919부, 『부산일보』의 14,352호보다 많았다. 참고로 당시 대표적 한글 신문인 『동아일보』는 29,901부이다. 1942년 조선총독부의 언론 통제 정책에 따라 『경성일보』에 흡수되면서 1942년 2월 폐간되었다.

50 『동아일보』, 1940.7.9.

51 『동아일보』, 1935.12.6.

52 『동아일보』, 1935.3.26.

53 『동아일보』, 1937.12.7.

54 陳柔縉, 『廣告表示. 老牌子·時髦貨·推銷術, 從日本時代廣告看見台灣的摩登生活』, 麥田, 2015, 27쪽 수록. 『타이완니치니치신문』은 타이완 총독부의 지원을 받아 재태(在台) 일본인 실업가 가다 긴자부로(賀田金三郎)가 타이완 총독부의 지원을 받아 1898년에 창간한 일본어 신문이다. 식민지 타이완에서 최대·최장 발행부수를 기록한 일간지이다. 『타이완신문(台湾新聞)』, 『타이완신보(台南新報)』와 함께 식민지 타이완의 3대 일간지로 평가받는다. 최대 발행부수는 15만 부이고, 1944년까지 총계 15,800호를 발행하였다.

제2장 무병장수의 욕망, 자양강장제 폴리타민과 '근대적 신체'

1 野村一夫, 『健康ブームを読み解く』, 青弓社, 2003, 39쪽.

2 유진식, 「근대 일본에 있어서 위생과 법」, 『법학연구』 53, 2017, 323~344쪽.

3 김성희, 「근대 일본의 식문화 형성의 한 장면 – 각기병논쟁을 소재로 하여」, 『일본어문학』 80, 2019, 259~278쪽.

4 1790년 프랑스 화학자 니콜라스 르블랑(Nicolas Leblanc, 1742~1806)이 소금에서 탄산나트륨을 발견하고 이를 이용한 비누의 대량생산은 전 세계적인 전염병을 가정위생으로서 해결하여 인류의 수명을 20년이나 늘렸다. 비누 사용으로 당시 유럽의 전염병과 피부병이 상당히 개선되었다.

5 국립중앙도서관 대한민국 신문아카이브에 실린 신문은 『경성일보』, 『조선신문사』, 『매일신보』이다. 도쿄대학종합박물관아카이브에 실린 신문은 『도쿄니치니치신문(東京日日新聞)』, 『오사카마이니치신문(大阪毎日新聞)』, 『오사카아사히신문(大阪朝日新聞)』, 『시사신보(時事新報)』, 『세이부마이니치_오사카마이니치신문 규슈판(西部毎日_大阪毎日新聞九州版)』, 『니이가타신문(新潟新聞)』, 『규슈아사히신문(九州朝日)』, 『호쿠리쿠마이니치신문(北陸毎日新聞)』, 『조선아사히신문(朝鮮朝日)』, 『대만니치니치신보(台湾日日新報)』, 『만주니치니치신문(満州日日新聞)』이다.

6 小山祥子, 「機關紙『子供の世紀』に見る乳乳兒を取り巻く育ちの環境—1923~1926年の広告記事に着目して—」, 駒沢女子大学 研究紀要 50, 2017, 13~22쪽. 1923년 8월자 『子供の世紀』에는 야마구치현 요시야군 히라카와손(山口県 吉屋郡 平川村)의 하루 세 끼 6일 동안, 18끼니의 식생활을 조사한 바, 채소절임이 14회, 무조림이 3회, 우메보시(梅干)만 나온 것이 1회로 아동이 튼튼하게 성장할 수 없다는 당시 농촌지역의 열악한 영양부족 상황에 관한 글이 게재되었다.

7 청암대 재일연구소, 『근대 건강담론과 신체 자료집』, 선인, 40쪽.
   "질병은 내인·외인으로 구별되며 내인은 체질, 연령과 관계 있다. 즉 연령과 질병은 크게 관련이 있으며 소아는 보통 소화기 병, 소년은 발육 병, 장년에 이르러서는 과로가 원인으로 제반 질병에 걸리기 쉽다. 즉 소아는 디프테리아, 청년은 결핵, 노년은 암에 크게 관련이 있다. 또 성질상으로는 여자는 임신, 분만과 관계된 질병을 일으킨다."

8 한민주, 『해부대 위의 여자들 – 근대여성과 과학문화사』, 서강대 출판부, 2017, 307~309쪽.

9 이영아, 『육체의 탄생』, 민음사, 2008, 200쪽.

10 김성희, 앞의 글, 259~278쪽.

11 매약은 특정 질병에 대한 효과를 기재한 제약회사에서 제조·발매한 약품으로, 전국 약국이나 발매 대리점에서 판매되었다. 본고에서는 일반 의약품으로 사용한다.

12 野村一夫, 앞의 책, 66쪽.

13 일본 시즈오카현(静岡県) 출신의 농업원예화학자(農藝化學者)이다. 각기병 예방에 미강(쌀

겨)을 사용할 수 있다는 사실을 발견한 것으로 유명하다. 도쿄제국대학 농과대학(현 도쿄대학 농학부) 농예화학과를 졸업하고 도쿄제국대학 교수를 역임했으며 이화학연구소(理化學硏究所) 설립자이다.

14 寒川恒夫, 『近代日本を創った身体』, 株式會社大修館書店, 2017, 84쪽.

15 요시미 순야, 이태문 역, 『운동회 근대의 신체』, 논형, 2007, 35쪽.

16 독일인 의사로 메이지 시기 1876년 도쿄의학교(현 도쿄대학의학부) 초청받은 '고용 외국인'이다.

17 寒川恒夫, 앞의 책, 78~80쪽.

18 후생노동성의 전신인 후생성의 계획 단계의 명칭으로 보건성(保健省)이라고도 불린다.

19 藤野豊, 『強制された健康』, 吉川弘文館, 2000, 17~19쪽.

20 황상익, 『근대 의료의 풍경』, 푸른 역사, 2013, 67~69쪽. 위생국의 사무는 1. 전염병, 지방병의 예방과 종두, 기타 일체의 공중위생에 관한 사항, 2. 정박한 선박의 검역에 관한 사항, 3. 의사, 약제사의 업무 및 약품 판매의 관리와 조사에 관한 사항을 관장했다.

21 川口仁志, 「「皇孫御誕生記念こども博覧会」についての考察」, 『松山大学論集』 第17巻 第6号, 松山大学論集 18(6), 2007, 155~172쪽. 이 박람회는 1926년 2월 14일 도쿄니치니치신문(東京日日新聞)과 오사카마이니치신문(大阪毎日新聞) 합동으로 도쿄 우에노의 시노바즈치한(不忍池畔)에서 개최되었다. 당시 박람회 제1회장에는 교육관, 운동관, 어린이 방, 영양관 등 8개 전시관 및 아동용 오락시설에서 많은 전시가 있었고 제2회장에는 자선단(慈善團)이 아동건강상담소와 아동창작도도 열렸다.

22 常石敬一, 『結核と日本人』, 株式會社岩波書店, 2011, 113쪽.

23 황상익, 앞의 책, 464~470쪽.

24 常石敬一, 『結核と日本人』, 株式會社岩波書店, 2011, 77쪽.

25 權學俊, 「近代日本における身体の国民化と規律化」, 『立命館産業社会論集』 第53巻 第4号, 2018, 31~49쪽.

26 2014년도 후생노동백서(厚生勞動白書), 후생노동성 홈페이지(검색일 : 2020.12.10).
https://www.mhlw.go.jp/wp/hakusyo/kousei/14/backdata/1-1-1-02.html
보건소는 1937년도에는 전국적으로 49곳, 이후 5년간 187곳이 정비되었다. 다음 해인 1938년 1월에는 '국민 체력향상'이나 '국민 복지 증진' 등을 목적으로 내무성에서 분리하는 형태로 후생성이 탄생했으며, 이후 보건소에 관한 사항을 포함한 위생 실시 정은, 후생성 위생국의 담당이 되었다. 1942년에는 그때까지 지방장관의 권한이었던 체력향상에 대한 지시나 요양에 관한 처치명령의 권한 등을 보건소장이 갖게 되었고, 이 결과 보건소는 단순한 지도기관이 아니라 행정조치를 하는 기관으로서의 성격도 겸비하게 되었다.

27 김영수, 「20세기 초 일본 매약의 수입과 근대 한국의 의약광고의 형성 – 근대일본의 매약규제와 광고 형식을 중심으로」, 『인문논총』 제75권, 2018, 163~193쪽.

28 이자호, 「근대일본의 藥品名과 漢字接尾語 「-藥」「-劑」-藥」, 『일본어와 문학』, 2016, 5~26쪽.

29 황상익, 앞의 책, 115쪽.

30 武田二百年史編纂委員會, 『武田二百年史』(本編·資料編), 武田薬品工業株式會社, 1983. 제조원과 발매원에 관한 연혁은 『다케다2백년사(武田二百年史)』 참고.

31 1868~1943 메이지-쇼와 시대 전기의 약학자. 기후현 출신으로 1893년 도쿄제국대학 의과대학을 졸업했다. 약물학교실의 다카하시 준타로(高橋順太郎) 교수 밑에서 조교로 일하다가 1896년 독일과 벨기에로 유학을 갔다. 스토라스부르대학에서 슈미데베르크교수에게 사사했으며 라이프치히대학, 겐트대학에서 연구했다. 1899년 교토제국대학 의과대학 조교수로 임명되어 1900년 약물학 제1강좌교가 되었다. 1928년 퇴임하여 명예교수가 되었다. 다수의 생약의 유효성분을 발견하고 약리를 밝혔다. 1943년 3월 18일 76세로 사망했다.

32 1928년 7월 당시 정보, 대오제약, 다케다초헤이상점(주) 이사.

33 1924년 12월 다이고제약주식회사로 사명을 변경하고 사카이 고헤이가 사장에 취임했다. 그는 1928년 2월 공장을 현 오사카시 요도가와구 노나카기타 2초메(大阪市淀川区野中北2丁目)로 이전했다. 그 이후로 제품도 점점 개량되고 사업도 순조롭게 진행되었다. 그러나 1928년 12월 다케다영양화학주식회사로 회사명을 변경했고 1947년 10월 1일 다이고영양화학주식회사(大五栄養化学株式会社)로 재변경했다.

34 다이고의 공장은 오사카부 니시나리군 초부네무라 오와다(大阪府西成郡千船村大和田, 현 오사카시 서정천구 대화전)에 마련되었고 초기 직원은 17명이었다. 1924년 12월 회사명을 다이고제약주식회사로 변경하고 사카이 고헤이가 사장에 취임했다. 이 공장은 1928년 2월 현 오사카시 요도가와구 노나카기타 2초메(大阪市淀川区野中北2丁目)로 이전했고 1928년 12월 회사명을 다케다영양화학주식회사, 1947년 10월 1일에는 다이고영양화학주식회사(大五栄養化学株式会社)로 거듭 변경했다.

35 武田二百年史編纂委員會, 앞의 책, 241쪽.

36 다케다제약회사 홈페이지(https://www.takeda.com/jp/).

37 石田あゆう, 『圖說 戰時下の化粧品廣告(1931-1943)』, 創元社, 2016, 55쪽. 시나리오 현상모집의 구체적인 응모규정은 다음과 같다. ① 4백자 원고지 30매 이내 시나리오, 상영시간 30분 이내, 유성영화. ② 1인이 여러 편을 응모해도 상관없고 입선 작품은 발매원 다케다에서 수정할 수 있다. ③ 심사위원은 도쿄아사히신문사의 광고부장, 도쿄아사히신문사의 출판편집부장, 도쿄아사히신문사의 영화반 주임, PLC, 사진예술가, 다이고제약주식회사이다.

38 山本武利, 『近代日本の新聞讀者層』, 法政大學出版局, 1981, 129쪽.

39 위의 책, 241~242쪽.

40 『아사히신문』의 발행부수는 1925년(오사카아사히 : 754,373 / 도쿄아사히 : 422,527)이며 1932년은 상승세로 돌아섰다가, 1935년(오사카아사히 : 897,594 / 도쿄아사히 : 913,007)에 다시 하

락세가 되었다. 그러나 이때부터 도쿄 아사히가 오사카아사히의 부수를 넘어서기 시작했다. 1935년에 『요미우리신문』도 도쿄시내에서 부수 1위를 달성했다.

41 山本武利, 앞의 책, 340~342쪽.

42 체격이 빈약하고 빈혈인 듯한 허약하고 신경질적인 아이의 체질. 경부 림프절 결핵이 보이는 경우가 많았던 점 때문에 이 병명이 붙었지만 현재 거의 사용되지 않는다.

43 『조선일보』의 질문형 광고(조흔강장제? (문) 강장제로 조기약품중 제일효과잇는 것을 하교하시오. 1. 뿌루도-제錠 / 2. 류미환(六味丸-) / 3. 보리타민)는 당시 신문광고에서 유행하던 스타일이기도 했다.

44 野村一夫, 앞의 책, 155쪽.

45 山本武利, 앞의 책, 74~75쪽.

46 너도밤나무의 타르 같은 데서 채취하는 유상(油狀) 액체(방부제·거담제·분석 시약 등으로 이용함).

47 초등학교, 중학교에서 봄부터 가을에 걸쳐 산간지역 또는 고원의 숙박시설에서 지내며 하이킹, 등산, 박물관 견학을 실시하는 학교의 교외학습 행사이다.

48 프랭크 오돌(Francis Joseph "Lefty" O'Doul)은 샌프란시스코 씰즈 감독이다. 1931년과 1934년에 메이저리그 선발팀 일원으로 일본을 방문한 경험이 있었고, 지도자가 된 이후에도 일본야구와 지속적으로 교류를 했다. 오돌은 일본 프로야구 초창기부터 부흥기까지 수차례 일본을 방문하여 일본야구의 향상과 미-일의 징검다리 역할을 한 공헌을 평가받아 202년 일본야구전당 특별 부문에 표창되었다. 이효성, 「미 점령기 일본의 야구 담론과 그 의미」, 건국대 석사논문, 2016 참조.

49 野村一夫, 앞의 책, 46쪽.

50 山本武利, 앞의 책, 48쪽.

51 이영아, 앞의 책, 182쪽.

52 위의 책, 205~210쪽.

53 조한경, 『환자혁명』, 에디터, 2017, 28쪽.

54 고미숙, 『위생의 시대』, 북드라망, 2014, 177쪽.

제3장 근대적 건강미 발현으로서의 머리카락과 발모제(發毛劑)

1 이에 대한 기술은 山本博文, 『武士は禿げると隠居する - 江戸の雑学 - サムライ篇』(双葉社, 2001) 참고.

2 이 시는 『동국이상국전집(東國李相國全集)』 권18(卷十八) 「고율시」(古律詩)에 실려있다. 시 전체의 맥락을 보면, 자신의 벗겨진 머리를 빌미로 삼아, 자신을 능력도 없이 국록만 축내는

스스로를 반성하는 내용이다. 원문은 '한국고전DB(https://db.itkc.or.kr/)'에 근거했다.

3 이 글은『동문선(東文選)』권98(卷九十八)에 실려있다. 원문은 '한국고전DB(https：//db.itkc.
or.kr/)'에 근거했다.

4 이 시는『정본여유당전서(定本與猶堂全書)』중『시집(詩集)』권6(卷六)에 실려 있다. 원문은
'한국고전DB(https://db.itkc.or.kr/)'에 근거했다.

5 시네오시스의 이 글은 이미 한국에서도 번역되었다. 한역본의 서지사항은 다음과 같다. 키레
스의 시네오시스, 정재곤 역,『대머리 예찬』, 21세기북스, 2005.

6 '한의학고전DB(https://mediclassics.kr/'에서 '生髮'(머리털이 난다)로 검색해보면,『본초강목』
에 19번,『동의보감』에 9번 나온다.

7 김덕호,「[건강100세] "대머리 싫어" 카이사르도 두려워한 탈모」,『서울경제』, 2018.2.6.
(https://www.sedaily.com/NewsView/1RVLKU8FZG, 검색일 : 2021.5.24).

8 물론 가장 오래되고 확실한 대응이라고 할 수 있는 '가발 착용'이 있기는 하지만, 이 글에서는
논점을 유지하기 위해 가발은 논외로 하겠다.

9 20세기 초 한국에 보급된 근대적 모발 인식에 대한 정보는 샤쿠오 순조(釋尾春仿)가 편찬한
『조선과 만주(朝鮮及滿洲)』에서 확인할 수 있다. 이 잡지에는 조선총독부 의원의관인 의학
박사 구보 다케시(久保武)의「모발의 인류학(毛髮の人類學)」이란 글이 제103호(1916.2), 제
104호(1916.3), 제105호(1916.4), 제106호(1916.5), 제107호(1916.6), 제108호(1916.7), 제112호
(1916.10), 제114호(1916.12), 제116호(1917.2)에 연재되었다.

10 목수현,「욕망으로서의 근대 – 1910~1930년대 한국 신문광고의 신체 이미지」,『아시아문화』
26, 2010, 7쪽.

11 이 책은 이미 번역되어『꼿꼿하고 당당한 털의 역사 헤어』(하인해 역, Mid, 2017)란 이름으로
출간되었다.

12 이 책은 이후 제목을 바꿔서『대머리의 문화사(ハゲの文化史)』(ポプラ社, 2018)란 이름으로
재출간되었다.

13 해피 드러그에 대한 간명한 개괄은 최종태,「행복을 알약으로 먹는다 – 해피 드러그」,『과학동
아』7, 2004, 91~93쪽 참고.

14 탈모의 원인과 치료에 대한 현대과학적 입장에 대한 간단명료한 설명은 정승규,『인류에게 필
요한 11가지 약 이야기』, 반니, 2020, 69~85쪽 참고.

15 필자가 확인한 가장 이른 광고는『요미우리신문』1891년 9월 20일 자에 실린 '모발필생약(毛
髮必生藥)' 광고다.

16 아마도 'hair vigor'를 일본어로 표기한 것으로 보인다.

17 이 광고는『요미우리신문』1892년 9월 1일 자, 1893년 4월 14일 자에도 실렸다. 이병주·마정
미는 푸코의 담론형성 이론에 근거해 초기 근대 의약 광고를 분석하면서 6가지 담론 장치를

도출해 냈는데, 참고할만하다. 특히 그들이 꼽은 첫 번째 담론 장치가 의학적 권위에 호소라는 '언표 주체의 문제'다. 그 내용을 간단히 추려보면 '-의학박사 창제', '-의학박사 추천', '-의학박사 발견'이란 문구를 담은 광고들은 '광고 담론의 장'(발화자 : 광고주)과 '의학담론의 장'(발화자 : 의학박사)을 동시에 지시하는데, 이런 중층의 발화(혹은 언표)는 궁극적으로 의학담론이 우위에 놓인다는 것이다. 이 같은 담론 장치는 근대적 발모제 광고에서 곧잘 보이는 '미국(혹은 일본) -의학박사' 운운하는 문구들에서도 그대로 작동하고 있다. 이병주·마정미, 「초기 근대 의약품 광고 담론분석 - 근대적 아픔의 주체와 경험에 대한 소고」, 『한국언론정보학보』통권 32, 2006, 269~272쪽.

18 확인해본 바에 따르면, 일본에서 가장 이른 '후미나인' 광고는 1920년 10월 3일 자 『아사히신문(朝日新聞)』에 보이는데, 광고라기 보단 기사와 같은 형식에, 상품대신 타케다(田中) 박사의 사진을 크게 실으면서 의학적 권위를 강조하는 것으로 보아, 아마도 이것이 첫 광고일 것으로 추정된다.

19 "머리털 빠지는 사람들의 고민은 1920~1930년대에도 만만치 않았다. (…중략…) 이후 1930년대 후반에 이르기까지 탈모증 치료제 광고는 꾸준히 계속됐다. 대부분 '후미나인'의 광고들이다." 김명환, 『모던 씨크 명랑 - 근대 광고로 읽는 조선인의 꿈과 욕망』, 문학동네, 2016, 222~223쪽.

20 원문을 인용하며 즉각적인 이해가 어려워 보이는 한자 표현이나, 철자법, 띄어쓰기 등의 부분은 가독성을 높이기 위해 최소한으로 수정을 가했다. 그리고 원래 한자로 표기된 낱말들은 한글로 적고 다시 괄호 안에 한자를 병기해 두었다.

21 김명환, 앞의 책, 224쪽.

22 광고에서 말하는 이른바 '할토인(Hartonin)'이란 성분에 대해서는 미상(未詳)이다.

23 사실 이러한 판매방식이 흔했던 것은 당시 일본 정부의 독특한 매약(賣藥) 방식 규제 때문이었다. 이에 대한 자세한 설명은 김영수, 「20세기 초 일본 매약의 수입과 근대 한국의 의약광고의 형성 - 근대 일본의 매약규제와 광고 형식을 중심으로」, 『인문논총』 75(4), 2018을 참고.

24 陳柔縉, 『廣告表示：_____。老牌子·時髦貨·推銷術, 從日本時代廣告看見台灣的摩登生活』, 麥田, 2015, 397쪽. 산료제약은 1934년에 직접『美髮保存的秘訣』이란 책을 발간하기도 했다. 비록 30쪽에 불과한 소책자지만 내용은 교토부립의과대학(京都府立醫科大學) 피부과 주임교수인 나카가와 키요시(中川淸) 박사의 강술(講述)과 만담가(漫談家) 니시무라 라쿠텐(西村樂天) 및 다른 애용자들의 '요모토닛쿠' 사용 후기 등을 담고 있었다. 한국에서도 1930년 8월에 태창(泰昌) 제약회사에서 '요모토닛쿠' 제조 및 발매에 들어갔고, 조선산쿄구미조(朝鮮三共組)가 설립되기도 했다. 1940년엔 '요모토닛쿠' 판매를 주목적으로 태창상사주식회사(泰昌商社株式會社)을 설립하기도 했다. 三共(株), 『三共六十年史』(1960.12) 年表 참고('涉澤社史 데이터베이스' https://shashi.shibusawa.or.jp/details_nenpyo.php?sid=3750&query=&class=&d

=all&page=12, https://shashi.shibusawa.or.jp/details_nenpyo.php?sid=3750&query=&class=&d=all&page=18, 검색일 : 2021.5.24). 하지만 아무래도 한국에서는 앞서 언급했던 '후미나인'이 주류를 이루었던 것으로 보인다. 부연하자면 '요모토닛쿠'보다 10년 늦은 1932년 일본에서는 '카미노소(加美乃素)'가 출시되면서, 일본 발모제 시장은 양분된다. '카미노소(加美乃素)'는 현재까지 생산·판매되고 있다. '카미노소'에 대한 간명한 설명은 株式会社 加美乃素本舗의 홈페이지(https://www.kaminomoto.co.jp/product/cagain_plus.html) 중 '会社概要'의 '沿革' 참고(검색일 : 2021.5.24).

25 이와 유사한 광고들은 陳柔縉, 앞의 책, 397~399쪽 참고.

26 대머리의 역설을 간단히 설명하자면 다음과 같다. 머리카락이 풍성한 남자는 대머리가 아니다. 그리고 그 사람의 머리카락 한 올을 뽑는다고 대머리가 되진 않는다. 하지만 계속 뽑다 보면 분명 대머리가 될 것이다. 이 역설을 반대로 되새겨보면, 대머리가 한 올의 머리카락만 있으면 여전히 대머리인데, 도대체 몇 올부터 대머리가 아닐까라는 의문이 든다. 즉 대머리의 기준 자체가 원래 무척이나 애매한 것이다. 이마가 넓은 것인지 벗겨진 것인지를 정확히 가르는 기준은 없다는 의미에서 대머리 여부는 주관적인 느낌으로 판단하는 것이라고 할 수 있다.

27 당연히 외부요인(스트레스, 피부질환 등)에 의한 탈모도 존재하지만, 유전에 의한 탈모에 비해 그 숫자나 지속성 모두 비할 바가 아니다.

28 흥미로운 것은 산쿄제약의 이 발모제는 부침을 겪으면서도 꿋꿋이 현재까지 제조되고 있다는 점이다. '요모토닛쿠(일명 '요모-토니쿠(tonic)')'는 이후로도 일본에서 계속해서 생산되다가, 1972년 산쿄제약이 다이이치제약(第一製藥)과 합병한 뒤, 헤어케어 관련 제품을 '카로얀(カロヤン)'이란 브랜드로 단일화시키면서 일본 내에서 판매가 중단되었지만, '카로얀'에서 계속해서 발모촉진제 2종을 생산하고 있으니, 이를 '요모토닛쿠'의 지속이라 봐도 무방할 듯하다. 그리고 해외에서는 아직까지도 '요모토닛쿠'라는 원상품명 그대로 생산되고 있다. 당초 1967년부터 유니온(Union)사가 싱가폴에서 '요모토닉(Yohmotonic)'이란 원상품명으로 수입·판매했는데, 1972년 산쿄제약이 다이이치제약이 합병한 뒤에도 '요모토닛쿠' 원재료를 계속 수입해 판매했고, 1990년대에 이르러서는 싱가폴을 기점으로 말레이시아, 인도네시아, 베트남에까지 수출되면서 동남아시아에서 유력한 발모제 중 하나로 자리 잡았다. 2006년에 '요모토닉(Yohmotonic)'이란 상호는 유니온(Union)사에 완전히 양도되어 현재까지도 이 상호명으로 발모제를 생산해오고 있다. 이상의 간략한 연혁은 Yohmotonic®의 홈페이지(https://yohmotonic.com/)에서 'HISTORY'를 참고(검색일 : 2021.5.24).

29 목수현, 앞의 글, 8~9쪽.

30 김명환, 앞의 책, 223쪽.

31 엄흥섭(嚴興燮)이란 이는 「하일잡감(夏日雜感) – 탈모주의자」란 기고문을 1937년 7월 9·10·11일, 이렇게 세 번에 걸쳐 『조선일보』에 싣고 있다.

32 단 1902년 7월 28일 자 모생액(毛生液) 광고는 반남반녀(半男半女)의 모습이다. 비록 반쪽이 긴 해도 발모제 광고에 최초로 여성의 모습이 보인 경우다.

33 'ㅇ부'는 '어떤 불특정 부위'를 가리킬 수도 있지만, '부인'으로 그 범위를 한정한 것으로 보아 문맥상 '음부'(陰部)를 직접 쓰기 꺼려서 공란으로 표기한 것으로 보인다.

34 『요미우리신문』 '후미나인' 광고에 위 광고가 계속 실린 것은 1924년 4월 17일 자, 4월 28일 자, 5월 3일 자, 5월 9일 자. 5월 13일 자가 마지막이고 이후로는 아주 가끔 1년에 한두 번씩만 이 광고가 사용되었다. 아마도 워낙에 발모제는 '요모토닛쿠'가 가장 광범위하게 우세를 점하고 있었기에, '후미나인'은 잠시 어필하다가 해당 판매처에서 주력 판매상품이 아니게 된 것이 아닐까 추정한다.

35 실제로 이 글의 범위를 벗어나긴 하지만 1951년 4월 17일 자 『요미우리신문』의 '후미나인' 광고를 보면 여성의 이미지와 함께 '새 시대의 모발영향학'(新時代の毛髮營養學)이라는 카피를 사용하고 있다(이 광고를 보면 판매처가 바뀌었다).

36 물론 모발이식이라는 물리적 수술을 통해, 탈모되어 성글어지거나 아예 벗겨진 부분을 빠르고 효과적으로 보완할 수 있게 되었지만, 절개든 비절개든 간에 이는 다른 부위의 모발을 뽑아 심는 것이며, 계속된 의학의 발전으로 인공모발 이식까지도 등장했지만, 정확히 말하자면 이를 두고 '발모'라고 할 수는 없다.

37 물론 늘 그렇듯 이 가짜 약 역시 "이번에(今番) 도쿄(東京) 아무개(某某) 화학연구소 아무개(某) 박사의 새로 발명(新發明)한 모생약(毛生藥)이라 하며 (…중략…) 한 병에 10원의 큰돈(大金)을 사취"했었다. 10원이면 현재 가치로 대략 20만 원 정도의 거금이다.

제4장 인삼에서 'Ginseng'으로

1 『한국민족문화대백과사전』, 「인삼」 항목 참고.

2 「중국철학서전자화계획」(https://ctext.org/zh)에서 제공하는 『급취편』(『급취장』이라고도 함) 원문에는 삼과 함께 원지(遠志), 속단(續斷), 토과(土瓜)가 열거되어 실려 있다.

3 『신농본초경(神農本草經)』은 과거 신농씨(神農氏)가 지었다고 전해졌지만, 실제로는 한대(漢代)에 완성된 것으로 추정된다. 한약(漢藥)에 대한 가장 핵심적인 의서(醫書)로, 흔히 『본초경(本草經)』, 『본경(本經)』이라고 약칭된다. 도홍경의 『신농본초경집주』는 이 책에 대한 가장 빠른 주석서다.

4 원문은 다음과 같다. '人蔘味甘 微寒 主補五臟 安精神 安魂魄 止驚悸 除邪氣 明目開心 益智 久服輕身延年.' 본문의 그림과 한문 해석은 (사)한국인삼연합회(http://www.ekga.org) 자료에 따랐다.

5 『동의보감』의 원문과 우리말 풀이는 한의학고전DB(https://www.mediclassics.kr/)에서 볼 수 있다.

6 설혜심, 『인삼의 세계사』, 휴머니스트, 2020, 41~42쪽.

7 핸드릭 하멜, 김태진 역, 『낯선 조선 땅에서 보낸 13년 20일의 기록 하멜 표류기』, 서해문집, 2003, 83~84쪽.

8 「자르투 신부의 만주 지역 고려인삼 발견 보고서」, 장일무, 『한국인삼산업사』 제2권, KGC인삼공사, 2018, 4쪽.

9 『한국민족문화대백과사전』, 「인삼찬」 항목 참조.

10 이 필담기록은 간행연도는 미상이며 필사본이 전한다. 본문은 교토대학의 귀중자료 디지털 아카이브(https://rmda.kulib.kyoto-u.ac.jp/)에서 원문을 볼 수 있다.

11 허경진 편역, 『인삼 관련 통신사 필담자료집』, 보고사, 2017, 참고. 이 책에는 1711·1719·1748·1764년에 이루어진 필담자료집 16종에서 발췌한 인삼 관련 기록의 영인본과 번역문이 실려 있다.

12 일본에서의 『동의보감』의 간행과 유통에 대해서는 박현규, 「일본에서의 조선 許浚『東醫寶鑑』 유통과 간행」, 『日本研究』 제29집, 2018 참고.

13 박정희, 『17~18세기 통신사에 대한 일본의 의식다례』, 민속원, 2010, 143쪽.

14 장일무, 『한국인삼산업사』 제1권, KGC인삼공사, 265쪽.

15 日本藥史學會 2015年度 國際シンポジウム, 田代和生, 「江戸期の朝鮮人参‐交易と國産化」, 15~16쪽. '어종인삼'이란 고려인삼의 일본명으로 '오타네닌진'이라고 부른다. 일본에서는 인삼의 한자를 人蔘이 아닌 人参으로 표기한다.

16 2013년에는 과거 마쓰에번의 인삼 관리 시설이던 인삼방역소(人蔘方役所)의 장옥문(長屋門)을 다이콘시마의 일본정원인 유시엔(由志園) 안에 복원하였고, 2018년에는 인삼차 카페를 여는 등, 인삼재배의 역사를 문화콘텐츠로 만들어 지역 활성화에 힘쓰고 있다.

17 유시엔 공식 사이트(https://www.yuushien.com/) 참고.

18 집문당에서 발간한 「한말 외국인 기록」 시리즈와 살림출판사에서 발간한 「그들이 본 우리」 시리즈에는 당대의 대표적인 여행기들이 수록되어 있다. 또한 당시 서구인의 조선 여행기들을 분석한 것으로는 단국대학교 동양학연구소 편저, 『개화기 한국과 세계의 상호 이해』, 국학자료원, 2003; 『개화기 한국과 세계의 상호 교류』, 국학자료원, 2004; 『개화기 대외 민간 문화교류의 의미와 영향』, 국학자료원, 2005; 국사편찬위원회 편, 『이방인이 본 우리』, 두산동아, 2009 등이 있다.

19 헨리 에번 머치슨 제임스, 조준배 역, 『백두산 등정기』, 동북아역사재단, 2011.

20 バード・ビショップ, 工藤重雄 抄譯, 『三十年前の朝鮮』, 東亞經濟時報社, 1925.

21 イザベラ・バード, 朴尚得 譯, 『朝鮮奧地紀行』 2(東洋文庫 573), 平凡社, 1994, 134쪽.

22 혼마 규스케, 최혜주 역주, 『일본인의 조선정탐록 조선잡기』, 김영사, 2008.

23 제중원의 의사 알렌은 1908년에 저술한 책에서 인삼에 대해 다음과 같이 평가하였다. "조선의

약전(藥典)은 주로 인삼으로 알려진 식물의 뿌리에 의존한다. 인삼은 발한을 필요로 하는 조선 사람의 모든 병에 만병통치약이다. 조선은 뛰어난 인삼으로 유명하며 최근 일본이 조선을 점령하기 전까지만 해도 인삼은 왕실의 부수입의 하나였다. (…중략…) 미국산 인삼은 활성이 없는데 반해 조선의 인삼은 탁월한 발한성 때문에 귀중하게 여겨진다. 나는 인삼을 먹고 발진한 외국인과 조선 사람들을 본 적이 있다. 중국인들은 이 약초의 위대한 가치를 최음제로 이용하는 것 같다. 내가 민영익을 치료할 때 (…중략…) 나쁜 징후가 없어진 후 나는 전보다도 더 인삼에 대해 탄복하게 되었다." H. N. 알렌, 신복룡 역주, 『조선견문기』, 집문당, 1999, 177~178쪽.

24 스웨덴 출신의 생물학자였던 '근대 분류학의 아버지', '식물학자 중의 황태자'라고 불렸던 칼 폰 린네(Carl von Linne)는 이종명명법을 창안하면서 Panax라는 인삼의 속명을 확립하였다. 린네가 화기삼의 학명을 확립한 것은 1753년인데 이로부터 거의 90년이 지나서 고려인삼의 학명이 부여된 것이다. 장일무, 『한국인삼산업사』 제1권, 2018, 18~33쪽.

25 설혜심, 앞의 책, 290~292쪽. 한편, (사)고려인삼연합회 고려인삼정보센터(http://www.ekga.org/)에서 제공하는 자료나 동북아역사재단 우리역사넷(http://contents.history.go.kr/front)의 자료에는 가리그의 이름을 '개리쿠스(Garriques)'로 잘못 기재하고 있다. 아울러 독일의 MDZ(Munich Digitization Center)의 전자도서관에서는 가리그가 저술한 논문의 원문을 볼 수 있다(https://www.digitale-sammlungen.de/en).

26 『조선일보』, 1929.3.5.

27 『조선일보』, 1931.3.8.

28 경찰 관료이자 민속학자였던 이마무라 도모(今村鞆)가 총 편집을 하여 7권의 시리즈로 발간하였다. 한국에서는 민속원에서 「한국근대 민속·인류학 자료대계」의 시리즈 중에 21~27권으로 『인삼사』를 번역하여 간행하였다.

29 스기하라 노리유키, 장일무 해제 및 번역감수, 『조선인삼예찬』, KGC인삼공사, 2019. 이 책은 일본어 원문도 함께 싣고 있다.

30 위의 책, 1~2쪽.

31 위의 책, 12~19쪽.

32 위의 책, 22~24쪽.

33 위의 책, 35~36쪽.

34 위의 책, 38~46쪽.

35 위의 책, 66~73쪽.

36 위의 책, 74쪽.

37 1913.6.7. 『요미우리 신문』에 실린 '영약인삼'이란 제목의 기사는 다음과 같이 적고 있다. "인삼의 효과는 아직 과학적으로 설명하지 못하는 듯하다. 한참동안 기사(技師)등이 고심하여 분석하고 있지만 전혀 알 수가 없다. 최근에는 어떤 독소가 발견되었다고도 하지만, 우리의 화객

(華客)인 지나인들에게는 아무렇지도 않은 일이므로 과학적 보고가 있든 없든 고래의 영약의 존엄에는 조금도 해가되지 않을 것이다." 기사의 작성자는 애과생(哀果生)으로 되어 있는데, 『요미우리 신문』『아사히신문』의 기자이자 국어학자인 도키 젠마로(土岐善麿)의 필명이다.

38 신창건은 조선의 인삼연구에 총독부 권력과 제국대학, 기업이 삼박자를 갖춘 결과임을 정치하게 밝히고 있다. 신창건, 「경성제국대학에 있어서 한약연구의 성립」, 『사회와 역사』, 제76집, 2007. 아울러 중국에서의 한약연구는 일본 외무성 주도의 동방문화사업의 자원원조로 추진된 경위가 있다. 신창건, 「경성제국대학에 있어서 한약연구의 성립」, 『사회와 역사』 제76집, 2007.

39 「독일의계(獨逸醫界) 울리든 조선천재 이박사(朝鮮天才李博士), 장래는 인삼과 기타연구」, 『조선일보』, 1927.9.3.

40 「조선의학학회 처여 의사 회집 조선의사의 연구발표다수」, 『조선일보』, 1930.9.21.

41 「비타민」, 『조선일보』, 1928.1.2.

42 「개성인삼의 유래와 주치효능에 대하여」, 『조선일보』, 1929.11.9. 「조선인삼의 산업적 지위」, 『조선일보』, 1931.3.5에도 유사한 약효가 소개되고 있다.

43 「조선인삼의 산업적 지위」 3, 『조선일보』, 1931.3.8.

44 「홍삼정 유효성분」, 『조선일보』, 1931.4.7. 이 기사에는 '빠나센', '에-델', '염화칼슘' 등의 과학용어가 사용되며 홍삼 제조 시 냉각, 증류를 통해 '바나센'을 추출하는 과정이 묘사된다.

45 『한성주보(漢城週報)』 제4호 1886년 2월 22일 자에 독일계 무역상사인 세창양행은 '덕상세창양행고백(德商世昌洋行告白)'이란 광고를 싣고 속이지 않고 공정한 가격으로 판매하겠다고 '고백'하고 있다.

46 아지노모도의 광고와 조선 내 유통에 관해서는 김대환, 「맛(味)과 식민지조선, 그리고 광고 - 아지노모도(味の素)광고를 중심으로」, 『옥외광고학연구』 제5권 3호, 2008, 참고.

47 『아사히신문』, 1916.5.5.

48 『동아일보』, 1931.3.16. "손해 보는 자는 경작자요 폭리를 얻는 자는 미쓰이라 함은 이미 정설 (…중략…) 홍삼의 불하는 받은 이는 미쓰이란 1개 재벌이다."

49 『동아일보』, 1939.12.6.

50 『조선일보』, 1940.7.16.

51 『조선일보』, 1938.8.8.

52 『조선총독부 관보』, 1916.2.17.

53 한국인의 하와이 이민사를 연구한 웨인 패터슨에 의하면, 한국인이 처음 하와이에 상륙한 기록은 1896년 5월 '금(Kum)'이라는 성을 가진 두 명의 인삼장수라고 한다. Wayne Patterson, *The Korean Frontier in America : Immigration to Hawaii, 1896-1910*, University of Hawaii Press, 1988.

초출

이번 정식 출판에 앞서 4편의 글 모두 수정과 증보를 거쳤다.

제1장　박삼헌, 「의료화된 건강과 해피 드러그(happy drug)의 탄생 - 근대 일본의 Chujoto(中
　　　將湯)를 중심으로」, 『한국학연구』 65, 2018.

제2장　김경리, 「근대일본의 건강담론과 자양강장제 폴리타민 - 1925~1945 요미우리신문광
　　　고를 중심으로」, 『日本思想』 40, 2021.

제3장　이영섭, 「욕망과 과학의 근대적 만남, 발모제(發毛劑)」, 『日本思想』 40, 2021.

제4장　김선희, 「인삼에서 'Ginseng'으로 - Made in Choseon의 '해피 드러그'」, 『日本思想』 40,
　　　2021.